# 学び直しの日本語

間違っていませんか？　その使い方

国立国語研究所名誉所員
佐藤亮一　監修

出窓社

# 学び直しの日本語

間違っていませんか？　その使い方

# 監修のことば

佐藤亮一

日本語は文字体系の世界一複雑な言語である。漢字、平仮名、片仮名、ローマ字、その四種類の文字を日本人はたくみに使い分けながら言語生活を営んでいる。

もともと日本語には文字がなかった。中国から漢字を輸入し、日本語の音節を万葉仮名で表記する方法を発明、その万葉仮名を簡略化した平仮名や片仮名を作り出した。漢字と一緒に日本にもたらされた漢語は、数少ない日本語（和語）の語彙を大幅に増やし、きめこまかな表現を可能にした。

漢字・漢語の輸入は日本人の言語生活を豊かにしたが、一方で、日本人の文字習得に大きな負担をかけたことも事実である。

終戦後に日本に君臨したＧＨＱ（連合国軍最高司令官総司令部）は、日本人が愚かな戦争を起こした背景には、漢字習得の困難さが教育に悪影響をおよぼした側面があるという短絡的な発想から、漢字を廃止し、日本語の表記をすべてローマ字でおこなうことを強制しようとした。文部省はＧＨＱの命により、一九四八（昭和二十三）年に全国の読み書き能力（literacy）調査を実施、日本人の文字使用能力が高いことを科学的に立証した。

江戸時代の言語教育は漢文の素読が主流であった。そのため、日本の教養人は多くの漢字熟語を習得、あるいは創造し、それを庶民に伝えた。四字漢語が多く使用されるようになり、話しことばである方言の中にも、「つらら」を意味する瓔珞《ようらく》（原意は宝石を連ねて編んだ首飾り）、南鐐《なんりょう》（美しい銀、または銀貨）、「太陽」を意味する「日輪」「日天」など、むずかしい漢語が使われている。

戦後の漢字制限によって日本人の漢字使用能力は大幅に低下した。ワープロの普及がそれに輪をかけた。私たちには（筆者を含めて）読めても書けない漢語が沢山ある。国語の試験に「□肉□食」という四字漢語を出題したところ「焼肉定食」と書いた生徒がいたという実話がある（意味を無視すれば、これも正解のひとつではあるが）。ある大学の学生食堂に「鰻丼ぶり」というメニューがあったので笑ってしまった（どこがおかしいか分かりますか）。

このような現代日本人の弱点を克服するのに役立つのが本書である。

第1章では、「濡れ手であわ」の「粟」と「泡」のような二者択一の問題を設定している。日本語は同音語が多いので、熟語の意味や由来を正しく理解していないと間違いやすい。

筆者がむかし間違って覚えていたのは「かきいれどき」である。「商店がお金を掻き入れる時期」と思い込んでいた。「けんを競う」「げんかしょうきゃく」なども、意味が分からず、あるいは誤解しているため、正しく書ける人が少ないのではないだろうか。

第2章は、慣用句・熟語に使われている漢字の「よみ」を答えさせるものである。常識的な表現が多く出題されているが、「侃侃諤々」「画竜点睛」「清水の舞台」などは読み間違いの多い熟語・慣用句であろう。

第3章は、慣用句の漢字や用法の誤りを指摘させる問題である。「うだつが上がる」のような用法の誤り、「脚光を集める」のような語彙の誤り、「竹に木を接ぐ」のような語順の誤りなど、一瞬どこが間違っているのか「?」と思わせる問題が多い。

昨今は「住めばみやこ」「流れに棹さす」のような慣用句の意味を誤って理解している向きが多い。本書に記載されている多くの慣用句について、生徒や大学生に用例を作らせてみると、慣用句に関する現代日本人の誤用の実態が浮かびあがってくるであろう。日本語学科の学生が、本書を参考にしてこの問題を卒業論文でとりあげればおもしろいのではないだろうか。

本書では、すべての章について、それぞれの慣用句や熟語の正しい意味・用法・由来などを的確に解説しているので「ああそうだったのか」と納得できる。

この本はクイズ感覚でひとりでも楽しむことができるし、友達と飲みながら会話のタネにすることもできる。また、結婚式や会社・行事の式典にふさわしい表現も多く載っているので、スピーチの話題を探すときにも便利である。入試の勉強に役立つことは言うまでもない。

本書に出題されている漢字熟語や慣用句は、一定の教養のある人であれば少なくとも耳にしたことのあるものが大部分である。新聞の漢字クロスワードパズルに「知行合一説」「未払金勘定」のような語が出題されたことがあるが、このような重箱の隅をつつくような一般に知られていない熟語は取り上げていない。

本書を繰り返し読んで**日本語を学び直し**、満点に近い成績をとれるようになれば、その人の漢字熟語・慣用句についての常識は日本人のトップレベルに達したと言ってよいであろう。

（国立国語研究所名誉所員・フェリス女学院大学名誉教授）

目次



第1章

## この漢字、どちらが正しい　11

# 第2章

## 読めますか、この漢字

第3章

## 間違っていますよ、その使い方 

# 第*1*章

# この漢字、どちらが正しい

文化庁が平成七年から毎年行っている「国語に関する世論調査」は、日本語の乱れが急速に進んでいることを教えてくれています。たとえば、同音異義語や慣用句など、ふだん何気なく使っている言葉も、その意味を間違って覚えていたり、間違ったまま使っている情況が読みとれます。さらに、過去の調査結果と比べてみると、その割合は年々悪化しています。これらの原因は、ワープロやパソコンの普及によって、文字を手書きをする習慣や読書時間の減少などが、影響していると考えられています。

以下は、私たちが日頃、何気なく使っている漢字の熟語や慣用句です。いずれも、よく使う身近な言葉ですが、正しい漢字とその意味をご存じでしょうか。慣用句や故事成語では、「晴天」「青天」のように意味が同じでも、正しい漢字は一字だけです。

知っているようで、意外に知らない身近な漢字語を厳選して、六語一組のクイズ形式で、アイウエオ順に配しました。また、単なる解答ではなく、その語の意味と使い方について、ていねいに解説しました。どこから読んでも楽しめますので、気軽に挑戦してみてください。

どちらが正しい漢字でしょう？

あの人は、あくの強い人だ。

□悪
□灰汁

業界にも、いちようらいふくの兆しが見えはじめた。

□一陽来福
□一陽来復

最後の場面は、あっかんだった。

□圧観
□圧巻

平家の栄華は、いっすいの夢だった。

□一炊
□一睡

濡れ手であわのぼろ儲けだ。

□粟
□泡

何事も、いっちょういっせきにはできない。

□一鳥一石
□一朝一夕

## 【灰汁】

**あく　あの人は、灰汁の強い人だ。**

「灰汁」（ふつうは仮名書き）は、灰を水に入れてできる上澄みの水で、洗濯や染色に使う。また、人の性質・言動や表現などに、感じられる独特のしつこさ・しぶとさ・どぎつさなどのこと。「灰汁の強い人」とは、他人には多少抵抗が感じられるような強い個性のある人のことで、周囲が受け入れるのに努力を要する人。逆に、洗練されて粋《いき》な人のことは、「灰汁の抜けた人」という。なお、「悪」は、人道・法律などに反すること。不道徳・反道徳的なこと。

## 【圧巻】

**あっかん　最後の場面は、圧巻だった。**

「圧」は、押さえること。「巻」は、中国の官吏登用試験「科挙《かきょ》」の答案用紙のこと。「圧巻」とは、書物の中で最も優れた詩文、作中で最も優れた部分のこと。転じて、全体の中で、最も優れている部分をいう。昔、中国で、官吏登用試験のとき、審査官が最も優秀な答案を全答案のいちばん上にのせたことが由来。「A投手のピッチングは圧巻だった」のように、素晴らしくて圧倒されたという意味で用いるのは間違い。なお、「圧観」と書くのは誤り。

## 【粟】 あわ

**濡れ手で粟のぼろ儲けだ。**

「粟」は、五穀（稲・麦・粟・稗《ひえ》・豆）の一つで、昔は主食でもあった。また、餅や団子、酒・飴《あめ》などの原料でもある。粟の実は、他の穀物に比べて非常に小さいので、手でつかみにくい。「濡れ手で粟」とは、「濡れ手で粟のつかみ取り」を省略したもの。労せずして多くの利益を得ること。ぼろ儲けのこと。濡れた手で粟の実をつかむと、やすやすと粟粒がいっぱい手にくっついてくることからいう。「濡れ手に粟」は間違い。また、「濡れ手で泡」も誤り。

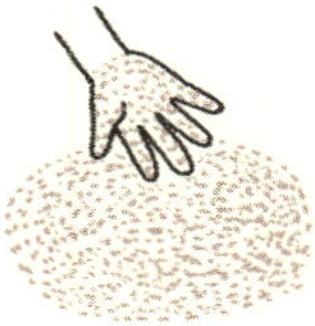

## 【一陽来復】 いちようらいふく

**業界にも、一陽来復の兆しが見えはじめた。**

「一陽来復」は、冬が終わり春が訪れること。転じて、悪いことが続いた後で幸運に向かうことをいう。中国古代の易で、陽の気が「復《かえ》る」意。陰暦の十月に陰の気が極まり、十一月の冬至《とうじ》になると、陽の気が復《め》ぐってくるという意。「復」は陰暦十一月、また、冬至のこと。『易経《えききょう》・復・本義』に、「又五月、姤卦《こうか》に一陰《いちいん》始めて生《しょう》ずるより、此《ここ》に至りて七爻《しちこう》にして、一陽来復す。乃ち運の自然なり」とある。幸福が来ることと勘違いして、「一陽来福」と書くのは誤り。

## 【一炊の夢】

いっすいのゆめ

平家の栄華は、一炊の夢だった。

「一炊」は、一度飯を炊《た》くこと。「一炊の夢」とは、飯が炊ける間に見た束の間の夢。現世の栄枯盛衰、人生の栄華のはかなさの例え。唐代の伝奇小説『枕中記《ちんちゅうき》』から出た言葉で、「邯鄲《かんたん》の夢」「邯鄲の枕」「黄粱《こうりょう》一炊の夢」などの同義語がある。唐の時代、盧生《ろせい》という若者が、出世を志し楚《そ》へ向かう途中、邯鄲の宿屋で枕を借りてひと眠りする。夢で、栄華を尽くした一生を送るが、目覚めてみると、まだ炊きかけの飯も炊きあがっていない束の間の夢だった。なお、一睡は、ひと眠り。

## 【一朝一夕】

いっちょういっせき

何事も、一朝一夕にはできない。

「一朝」は、一日、「一夕」は、一晩の意。「一朝一夕」とは、一日ないし一晩ほどの非常に短い期間のこと。多くの場合、下に打ち消しの言葉を伴って使われる。出典は『易経《えききょう》・坤《こん》・文言伝《ぶんげんでん》』で、「臣その君を殺し、子その父を殺すは、一朝一夕の故にあらず」とある。一方、「一鳥一石」は、「一石二鳥」との混用から出た語。ちなみに、「一石二鳥」は、一つの石を投げて二羽の鳥をうち落とす意から、一つのことをして二つの利益を得ること。

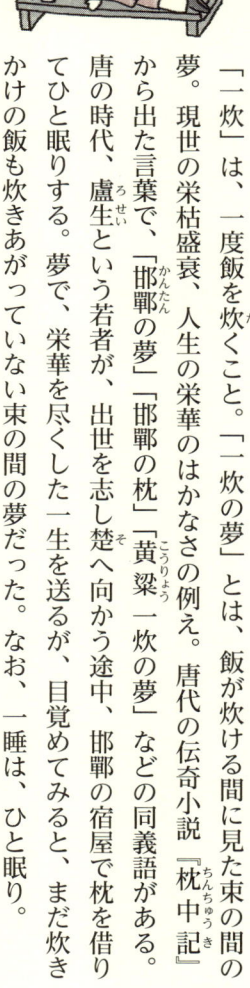

どちらが正しい漢字でしょう？

□一頭地

彼はクラスで**いっとうち**を抜いていた。

□一等地

□有頂天

試験に合格して、**うちょうてん**になった。

□有頂点

□衣鉢

先生の**いはつ**を継いだ。

□遺髪

□御頭

父の喜寿を、**おかしら**付きの膳で祝った。

□尾頭

□受け

商売が当たり、**うけ**に入っている。

□有卦

□押し着せ

**おしきせ**の観光ツアーは、つまらない。

□御仕着せ

## 【一頭地を抜く】

いっとうちをぬく　彼はクラスで**一頭地**を抜いていた。

「一頭地を抜く」とは、他の者より頭ひとつ抜きん出るという意。他の者より一段と優れていること。また、学問や芸術などが他の多くの人より一段と優れていることをいう。「一頭」は、頭ひとつ分の高さのこと。「地」は漢文の調子を整える助字で、特に意味はない。出典は、『宋史・蘇《そ》軾《しょく》伝《でん》』で、「吾当に此の人一頭地を出《いだ》すを避《さ》くべし」（この、人より抜きんでた人材に道を譲るべきだ）とあるのに基づく。

## 【衣鉢を継ぐ】

いはつをつぐ　先生の**衣鉢**を継いだ。

「衣鉢」は、僧侶の袈裟《けさ》と托鉢《たくはつ》に使う鉄鉢《てつぱち》のこと。禅宗では、師が弟子に法統《ほうとう》を伝える際、袈裟と鉄鉢を与える習慣があった。このことから、師がその道の奥義《おうぎ》を弟子に授けることを「衣鉢を伝える」というようになった。「衣鉢を継ぐ」とは、弟子の側からみた言い方で、宗教や学問・芸術などの各流派で、弟子が師から奥義を授けられること。また、先人の業績を受け継ぐこと。一方、「遺髪」は、故人の形見の頭髪のこと。

## 【有卦に入る】

うけにいる

**商売が当たり、有卦に入《い》っている。**

「有卦《うけ》」は、陰陽道《おんみょうどう》で、生まれ年を干支《えと》に割り当てて定めた幸運の年回りのこと。「入る」は、「いる」と読み、「はいる」とは読まない。「有卦に入る」とは、幸運に恵まれ、すべての物事がうまくいくことの例え。「有卦に入る」と、吉年《きちねん》が七年続き、無卦《むけ》の凶年《きょうねん》は五年続くといわれている。昔は、「有卦に入る」と、近隣縁者を招いて「有卦振る舞い」という宴会を催す風習もあった。

## 【有頂天】

うちょうてん

**試験に合格して、有頂天になった。**

「有頂天」は、仏教語で「天の中の最上にある天」を意味するサンスクリット語「Bhava-agra」の漢訳語。有（Bhava・存在）の頂（agra）の意。転じて、天上界の絶頂を極めるという意になり、近世以降になって、現在の喜びで舞い上がること。喜びや得意の絶頂にいて我を忘れること。無我夢中になることの意となった。「有頂天」の漢字自体には意味はないが、頂点との混同で、「有頂点」と誤記する人が多い。

＊サンスクリット語　インド・ヨーロッパ語族に属する古代インドの文章語。仏教の守護神梵天がつくったという伝説から「梵語（ぼんご）」ともいう。

# 【尾頭付き】

おかしらつき　父の喜寿を、**尾頭**付きの膳で祝った。

尾頭付きの祝膳

「尾頭」は、魚の尾と頭のこと。「尾頭付き」とは、尾も頭も切り離さない完全なままの大きな焼き魚のこと。婚礼などのめでたい席の料理で、「めでたい」の語呂《ごろ》合わせから、魚料理には鯛を用いることが多く、小さな魚にはいわない。また、「尾頭付き」には、頭から尾まで、即ち、初めから終わりまで、全《まっと》うするという意味が込められている。なお、「御頭付」は誤用。

# 【御仕着せ】

おしきせ　**御仕着せ**の観光ツアーは、つまらない。

「仕着せ」は、昔、商家で、主人が使用人に季節に応じて与えた衣服。また、江戸時代、幕府が、毎年、春と秋に諸役人に与えた時服《じふく》。上からもらうものなので御を付け「御仕着せ」というようになった。その後、上から一方的にあてがわれた、お定まりのものを意味するようになった。上から押しつけられることと混同して、「押し着せ」と書いてはいけない。

どちらが正しい漢字でしょう？

□ 快気炎

あの男の**かいきえん**には、まいったよ。

□ 怪気炎

□ 嵩

相手チームは**かさにかかって**攻めてきた。

□ 傘

□ 隗

「**かいより始めよ**」は、指導者の心得だ。

□ 塊

□ 喝

大会を前に、選手に**かつを入れた**。

□ 活

□ 掻き入れ

師走は、**かきいれ**時だ。

□ 書き入れ

□ 間一髪

**かんいっぱつ**のところで命拾いした。

□ 間一発

## 【怪気炎】

かいきえん　あの男の**怪気炎**には、まいったよ。

「怪」は、ふしぎなこと。あやしいこと。「気炎」は、燃え上がるような盛んな意気や気勢のこと。「怪気炎」とは、そばで聞く者が、その真実性や内容を疑いたくなるような、威勢がよく調子のいい話しぶりのこと。「野次馬たちは、口々に怪気炎をあげた」などと使う。一方、「快気」は、気分の爽《さわ》やかなこと。病気が治ったことの祝いは「快気祝い」という。「かい・きえん」であって、「かいき・えん」ではない。

## 【隗より始めよ】

かいよりはじめよ　「**隗より始めよ**」は、指導者の心得だ。

「隗より始めよ」とは、遠大な事をするには、まず手近な事から始めなさいということ。また、事を始めるには、まず自分から始めなければならないということ。「隗」は、中国戦国時代の郭隗《かくかい》のこと。「隗より始めよ」は、隗が、燕《えん》の昭王《しょうおう》に賢者を集める方法を問われて、答えた言葉がもと。「今もし、王が本当に優れた人物を招きたいとお望みなら、まずこの私、隗を招くことからお始めなされ」（『戦国策・燕』より）

## 【書き入れ時】

かきいれどき

師走は、書き入れ時だ。

「書き入れ」は、文字を書くこと、商売で帳簿に取引の数字などを書き入れること。商売が繁盛すると、帳簿の書き入れに忙殺されるという意から、商店などで、最も売れ行きがよく、最も利益の上がる時期を「書き入れ時」というようになった。江戸時代から使われている言葉で、当時は、金銭の収支や物品の出し入れを帳簿に手書きしていた。お金を掻《か》き集めるということから、「掻き入れ時」と誤解している人が多い。

## 【嵩にかかる】

かさにかかる

相手チームは嵩にかかって攻めてきた。

「嵩」は、物の大きさ・分量・容積のことで、「かさばる」の「かさ」と同じ。「嵩にかかる」とは、その嵩が多いことを理由に振る舞うこと。転じて、優勢に乗じて攻めかかること。また、威圧的な態度をとることをいう。鎌倉時代、自軍の勢力の大きさに頼って敵を攻める意で用いられるようになった。なお、微力な者が、権勢者の後援を頼りにして威張《いば》るのは、「傘に着る」である。

# 【活を入れる】

かつをいれる　大会を前に、選手に**活を入れた**。

「活を入れる」とは、①柔道などの術で、急所をつくなどして、気絶した人の息を吹き返らせること。②刺激を与えて、気力を起こさせること。ここでは、②の意味で、選手を元気づけたり、激励することをいう。一方、「喝」は、禅宗で、参禅の人や修行者を叱ったり励ましたりするために発せられる大声。喉が涸れるほど大きな声で怒鳴ったり叱ったりすることが原義。「喝破《かっぱ》」「喝采《かっさい》」などの言葉がある。大声で激励することから、「喝を入れる」だと誤解している人が多い。

# 【間一髪】

かんいっぱつ　**間一髪**のところで命拾いした。

「間一髪」とは、間に一本の髪の毛くらいの隙間《すきま》しかないということ。事態が極めて差し迫っているさま。あぶないところ、ぎりぎりの状態を意味する。よく似た言葉の「危機一髪」も同様で、髪の毛一筋ほどのごくわずかな違い。助かるかどうかを決める、わずかな差、極めて危険な状態をいう。「間一発」も「危機一発」も間違い。

どちらが正しい漢字でしょう？

□堪忍

どうぞ**かんにん**してください。

□勘忍

□鬼気

名人の仕事には、**きき迫る**ものがある。

□危機

□完璧

論文は**かんぺき**をめざしなさい。

□完壁

□鼻

木で**はなをくくった**ような応対をされた。

□花

□貴貨

あの男は、**きか**居《お》くべしだ。

□奇貨

□寄りて

それは、**木によりて**魚を求めるようなものだ。

□縁りて

## 【堪忍】

かんにん　どうぞ堪忍してください。

「堪」は、耐える、こらえる意。よく耐え忍ぶ能力のことを仏教語で「堪能《かんのう》」という。「忍」は、しのぶ、がまんすること。「堪忍」とは、怒りをこらえて、他人の過ちを許すこと。一方、「勘」は、物事の意味やよしあしをよく考えて見分けること。判断する能力。「堪忍」とよく似た語に「勘弁」があるが、こちらは、「勘」の字を使い他人の過ちをよく考えて許すこと。この二語は、間違えやすい。「怒りをこらえて許す」のが「堪忍」。「過ちをよく考えて許す」のは「勘弁」。

## 【完璧】

かんぺき　論文は完璧をめざしなさい。

「璧《へき》」は平らで中央に孔《あな》のあいた宝玉のこと。中国では古代から珍重された。「完璧」とは、傷のない玉というのが本来の意味。転じて、欠点がまったくないさまを表すようになった。中国の戦国時代、趙《ちょう》の和子《わし》の璧と秦の十五の城を交換したいという秦の提案に、使者に立った趙の藺相如《りんしょうじょ》が、秦の策略から命懸けで璧を守り持ち帰った「完璧而帰（璧をまっとうして帰る）」という故事に由来（『史記』より）。

なお、「壁」は、建物の壁のこと。

＊「双璧」は、対をなしている二つの璧のことで、優劣のつけがたい二つの優れたものを指す。『北史・陸凱伝』で、二人の優れた息子を「双璧」に例えたという故事が由来。

## 【奇貨居くべし】

**きかおくべし**　あの男は、**奇貨居《お》くべし**だ。

「奇貨」は、珍しい財貨。利用すれば大きな利を得られるかもしれない機会や物事のこと。「居く」は、手元にとどめておく、蓄えるの意。「奇貨居くべし」とは、珍しい品物は後で価値が出るかもしれないから、買っておくべきだということ。転じて、得難い好機に出会ったら、逃さず利用すべきだという意になった。秦の呂《ろ》不韋《ふい》がまだ商人だった頃、趙《ちょう》の人質になっていた子楚《しそ》を見て、うまく利用しようとして言った言葉がもと。（『史記・呂不韋伝』）

## 【鬼気迫る】

**ききせまる**　名人の仕事には、**鬼気迫る**ものがある。

「鬼」は、古代の日本では、人を食う異形《いぎょう》の怪物の意。中国では、亡霊の意味をもつ。「鬼気」は、気味が悪く、身の毛のよだつような恐ろしい気配のこと。「鬼気迫る」とは、恐ろしくぞっとするような気迫があること。また、恐ろしいほど真剣なさまをいう。「選挙戦も終盤。候補者は街頭で鬼気迫る演説を行った」などと使う。恐ろしい気配や危険が、身近に迫ってくることではない。

＊呂不韋は、子楚を買い求め、まんまと秦の後継者にした。その後、呂不韋は、自分の子を身籠もっていた妾を子楚に与えた。やがて生まれた子こそが秦の始皇帝である。

## 【木で鼻をくくる】

きではなをくくる

**木で鼻をくくった**ような応対をされた。

もとは「木で鼻をこくる」といった。「こくる」は、強くこするという意。昔は、ちり紙が高価だったので、商家では、丁稚《でっち》が鼻水をとる時は、木の棒でこすってとらせた。その後、傍目《はため》も構わず不作法な振る舞いをすることから、ひどく無愛想にもてなすこと、冷淡な態度をとることの意となった。その後、「こくる」は、誤用され「くくる」となった。なお、「丁稚」は、職人や商家などに年季奉公する少年で、雑用や使い走りをした。無事に勤めて元服を許されると手代《てだい》に昇進した。

## 【木に縁りて魚を求める】

きによりてうおをもとめる

それは、**木に縁りて魚を求める**ようなものだ。

この「縁」は、よじ登るという意。「木に縁《よ》りて魚を求む」とは、木によじ登って魚を捕ろうとすること。転じて、手段が間違っていて、何かを得ようとしても得られないこと。また、見当違いの難しい望みを持つことをいう。孟子《もうし》が斉《せい》の国の宣王に言った言葉がもと。「武力で天下の王になろうとするのは、まるで木に登って魚を捕ろうとするようなもので、絶対にできるはずがない」（『孟子・梁恵王・上』）。類義語に、「畑に蛤《はまぐり》」「水中に火を求む」がある。

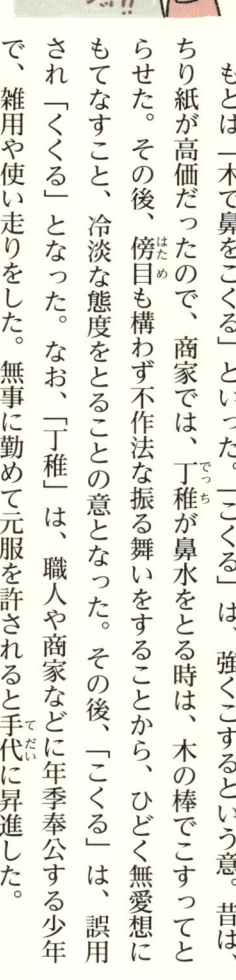

どちらが正しい漢字でしょう？

□命

御忠告、有り難く肝に**めい**じました。

□銘

□原価消却

商用車を**げんかしょうきゃく**した。

□減価償却

□檄

将軍は、諸国に**げき**を飛ばした。

□激

□絢

女子大の卒業式は、**けんを競う**ような華やかさだった。

□妍

□劇薬

**げきやく**は、慎重に扱わないと危険である。

□激薬

□厚顔無知

しらを切るとは、**こうがんむち**もはなはだしい。

□厚顔無恥

# 肝に銘じる

**きもにめいじる**　**御忠告、有り難く肝に銘じました。**

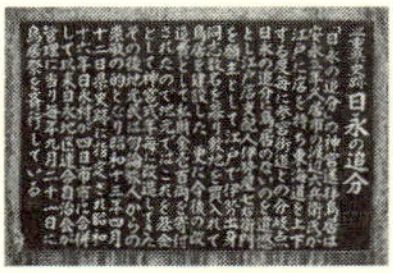
石に刻まれた銘文

「肝」は、動物の生気のもととなる臓器。転じて、心のこと。たとえば、「肝が据《す》わる」は、度胸があり、少しも動揺しないことを表す。また、「銘」は、①金石・器物などに事物の来歴や人の功績を記したもの。「銘文《めいぶん》」。②心に刻みこんでいる戒めなどの言葉。「座右《ざゆう》の銘《めい》」。「肝に銘じる」とは、心に強く刻み込み、けっして忘れないようにすること。「命じる」ではない。

# 檄

**げき**　**将軍は、諸国に檄を飛ばした。**

「檄」とは、中国の古代で、召集や説諭《せつゆ》などに用いた公文書。また、その文章様式のこと。もともと、戦いのときなどに、自分の考えや主張を天・地・人の観点から述べて、人々に決起を促したり、敵に降伏をすすめたりする文書で、激しい表現をとる。檄文《げきぶみ》ともいう。現代では、誤用が定着して、がんばれと励ます。あるいは、激励する文書を送るという意味でも用いられる。激しい表現をとるが、「激を飛ばす」とはいわない。

## 【劇薬】

げきやく　**劇薬は、慎重に扱わないと危険である。**

「劇」は、一般的に芝居の意で使われるが、「劇」の左字は、「虎＋豕」の会意《かいい》文字で、虎と猪が激しく戦うことを示す。「劇」は、それを音符《おんぷ》とし、力（のち刀）を加えた字で、激しく力を込めるという意をもつ。「劇薬」とは、激しい薬理作用をもち、使用量を誤ると生命にかかわる薬物で、薬事法に基づいて厚労大臣が指定する一群の医薬品を指す。なお、毒薬は、劇薬よりも作用が著しい薬物。

## 【減価償却】

げんかしょうきゃく　**商用車を減価償却した。**

「減価」は、商品や貨幣などの価値が下がること。「償却」は、借金などをつぐない返すこと。「減価償却」とは、使用したり古くなったりして、固定資産の価値が減少した分を計算して、決算期ごとに償却費として積み立てること。たとえば、ビルや機械などを購入した時、一度に費用に計上しないで、決められた耐用年数に分けて計上すること。一方、「原価」は商品や製品の生産費や仕入れの価格のこと。「消却」はなくすこと、また借りを返すこと。

## 【妍を競う】

けんをきそう

女子大の卒業式は、**妍を競う**ような華やかさだった。

「妍」は、顔や姿が美しい。みがいたように容色《ようしょく》が整って麗《うるわ》しく、あでやかであること。訓読みは、うつくしい。しなやか。「妍を競う」とは、美しさ、あでやかさを張り合うこと。大勢の美しい女性が、人目をひきつけるようすをいう。一方、「絢」は、織物の美しい模様。綾《あや》の意。「豪華絢爛《けんらん》な衣装」などと使われるが、「絢を競う」とはいわない。

## 【厚顔無恥】

こうがんむち

しらを切るとは、**厚顔無恥**もはなはだしい。

「厚顔」は、面の皮が厚いところから、あつかましく、ずうずうしいこと。「無恥」は、恥を恥とも思わないこと。恥知らずなこと。「厚顔無恥」とは、あつかましく恥知らずなことを強調した表現。「厚顔」は単独でも用いられ、中国の『書経《しょきょう》』に「顔厚なれども忸怩《じくじ》たる有り（面《つら》の皮の厚い私も、さすがに恥ずかしく思う）」とある。「無知」とは何も知らないこと。知識や知恵がないこと。

＊中国最古の詩集『詩経』には、「巧言くわうの如く、顔の厚きや」とあり、言葉巧みに操り、外面を良く見せ内面の恥を隠すことをいった。

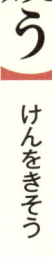

どちらが正しい漢字でしょう？

□後生
□後世
彼は、こうせい畏るべき存在だ。

□個別訪問
□戸別訪問
こべつ訪問して、寄付をお願いする

□合成
□合性
ごうせい洗剤は、環境によくない。

□五里夢中
□五里霧中
会社を設立した当初は、ごりむちゅうの状態だった。

□御多分
□御多聞
ごたぶんに漏れずわが社も人手不足です。

□言語道断
□言語同断
ゴミを放置するとは、ごんごどうだんだ。

## 【後生畏るべし】

こうせいおそるべし

彼は、**後生畏るべき**存在だ。

「後生」は、後に生まれた者、つまり後輩達のこと。対義語は、「先生」。「畏れる」は、自分よりはるかに力のあるものを敬い、怖いと思う気持ち。「神を畏怖《いふ》する」、「畏《かし》こまる」とも読む。『論語』の「後生畏るべし」（後輩たちは、年も若いし、精力・気力もあるから、まことにおそれ敬わなければならない）がもと。多くの場合、将来のある若い人に対するほめ言葉、激励の言葉として用いられる。なお、「後世」は、後の時代。後の世。

## 【合成洗剤】

ごうせいせんざい

**合成洗剤**は、環境によくない。

「合成」は、二つ以上のものを合わせて一つのものを作ること。化学用語としては、複数の元素から人工的に化学物を作ること。また、簡単な化合物から複雑な化合物を作ることもいう。「合成洗剤」とは、化学的に合成して作った洗剤。水に溶けない物質が含まれているため、そのまま流すと川や海を汚し、環境によくないといわれている。一方、「合性」は、「あいしょう」と読み、性格や調子などの相性のこと。合性（ごうせい）という言葉はない。

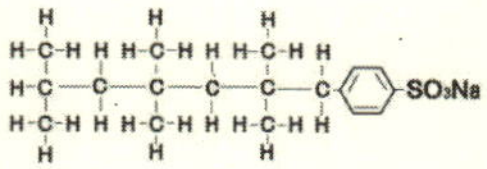

合成洗剤の化学式

## 【御多分に漏れず】ごたぶんにもれず

**御多分に漏れず**わが社も人手不足です。

「多分」は、数や分量の多いこと。また、ある集団の中の大多数のこと。ある物事の中の大部分の意。「御多分」は、世間一般の例。「御多分に漏れず」とは、大多数の人が漏れなく付き従うという意から、他の大部分の人と同様に、例外ではなく、という意になった。一方、「御多聞」と書くのは誤り。ちなみに、「多聞」は、仏教語で、「たもん」と読み、正しい教えを多く聞いて心にとどめること。仏教の守護神・四天王の一つ「多聞天（毘沙門天）」も、法を聞くことが多いことが由来。

## 【戸別訪問】こべつほうもん

**戸別訪問**して、お願いする。

「戸」は、古代日本の律令制で、行政上、社会組織の単位とされた家のこと。一家を構成する家族の氏名・性別・年齢などを記載したものは「戸籍」という。一家の長は、「戸主」。家の数は、「戸数」。「戸別」は、家ごとに別々にすること。「戸別訪問」とは、家を一軒一軒たずねて回ること。なお、公職選挙法では、投票を依頼するための戸別訪問は違法とされている。一方、「個別」は一つ一つ、あるいは一人一人別にすること。

## 【五里霧中】

ごりむちゅう　会社を設立した当初は、五里霧中の状態だった。

「五里霧中」とは、五里四方にわたる深い霧の中で、方角を見失うこと。転じて、物事の事情がまったく分からず、どうしたらよいか迷うこと。後漢の張楷《ちょうかい》が、五里にわたる霧を起こし、自分の姿をくらますという道教の秘術「五里霧」を得意にしたことがもと（『後漢書・張楷伝』より）。一方、「夢中」は、夢の中、一つの物事に心を奪われて、我を忘れること。「五里霧・中」と区切って覚えれば、夢中と混同することはない。

## 【言語道断】

ごんごどうだん　ゴミを放置するとは、言語道断だ。

「言語道断」とは、仏教語で、仏法の奥深い真理は、言葉で説明しきれないほど素晴らしいものであるということ。『平家物語』にも、「時々刻々の法施祈念、言語道断の事どもなり」とあるように、古くは、言いようがないほど立派であるという意味で使われていた。しかし、その後、まったく逆の意味の、「言葉も出ないほどひどいこと」を表すようになった。「道断」の道は、言うという意味で、「道断」だけでも、「言うにたえないこと」の意で使われる。

どちらが正しい漢字でしょう？

□今輪際

君とは、こんりんざい付き合いたくない。

□金輪際

□三位一体

真・善・美が、さんみいったいとなった作品。

□三身一体

□細大

情報は、さいだい漏らさず報告してくれ。

□最大

□志気

最近、社内のしきの低下が著しい。

□士気

□詐偽

高齢者を狙った、振り込めさぎが多発している。

□詐欺

□凌ぎ

研究の成果を競って、二人はしのぎを削った。

□鎬

## 【金輪際】 こんりんざい

君とは、**金輪際**付き合いたくない。

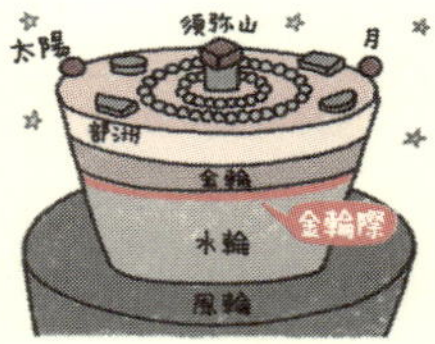


「金輪」は、仏教の宇宙観で、三輪《さんりん》と呼ばれるもののひとつ。大地の底辺部に、黄金でできた金輪があり、その下に水輪《すいりん》、風輪《ふうりん》があるとされる。「金輪際」とは、金輪の最下面と水輪の最上面が接する部分のことで、大地の最も奥底。そこから、「底の底まで」「とことんまで」の意が生まれ、のちに、打ち消しの語を伴なって、絶対にしないの意になった。江戸時代の『東海道中膝栗毛《ひざくりげ》』には、「聞きかけた事は金輪際聞いてしまはねば気がすまぬ」と、打ち消しを伴なわない表現がある。

## 【細大漏らさず】 さいだいもらさず

情報は、**細大漏らさず**報告してくれ。

「細大」は、細かいことと大きなこと。一部始終。全部。「細大漏らさず」とは、細かい事も大きな事もすべて省くことなく、という意。類義語には、「取りこぼすことなく」「遺漏《いろう》なく」などがある。一方、「最大」は一番大きいこと。「最大漏らさず」では、もれなくの意にならない。

## 【詐欺】

さぎ

**高齢者を狙った、振り込め詐欺が多発している。**

「詐」は、いつわること。だますこと。「欺」は、あざむくことで、もっともらしく装って相手をだますこと。「敵を欺《あざむ》く」などと使う。「詐欺」とは、巧みにいつわって金品をだまし取ったり、相手に損害を与えたりすること。法的には、他人をあざむいて錯誤に陥らせる行為をいう。一方、「詐偽《さぎ》」は、真実を偽ること、嘘をつくことの意。「詐欺」に比べ、相手方を錯誤に陥れるという意味はない。選挙でのなりすまし投票をいう「詐偽投票」などと使われる。

## 【三位一体】

さんみいったい

**真・善・美が、三位一体となった作品。**

「三位《さんみ》」は、キリスト教で、父（神）と子（キリスト）と聖霊《せいれい》（神が召したイエスの代わりに、この世に送ったもの）のこと。「三位一体」とは、父と子と精霊は、元来一体のもであり、一つの神が三つの姿となって現れたものであるという考え方。転じて、三つのものが、一つのものの三つの側面であること。三つの別々のものが緊密に結びつくこと。また、三者が心を合わせて一つになること。「一体」の語にひかれて、「三身」としてはいけない。

＊キリスト教の祈りの言葉のひとつに「父と子と聖霊の御名によりて。アーメン（ヘブライ語で、まことに、確かに）」がある。なお、「三位一体」論は、後に生み出されたもの。

## 【士気】

しき　最近、社内の**士気**の低下が著しい。

「士」は、①成人した男子。壮士《そうし》のこと。②さむらい。武士。軍人のこと。「士気」とは、兵士の、これから戦おうとする意気込み。転じて、ある組織で、人々が団結して物事を行おうとする意気込み。やる気のこと。一方、「志気」は、あることを成し遂げようとする意気込み。個人的な志を意味する。「研究に対する彼の志気は衰えることを知らなかった」などと使う。「士気」は、集団的な意気込み。「志気」は、個人的な意気込み。

## 【鎬を削る】

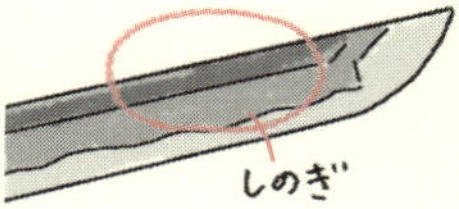


しのぎをけずる　研究の成果を競って、二人は**鎬を削った**。

「しのぎ」は、刀剣の両面で、刃と峰の間に刀身を貫いて走る小高く盛り上がった部分のこと。刃の強度を高めるための工夫である。「鎬を削る」とは、真剣勝負で、刀身の鎬が削りとられるほどに激しく刀で切り合うこと。転じて、互いに力を出し合って、激しく争うことを意味するようになった。一方、「凌ぎ」は、苦しさ・つらさを我慢して切り抜けること。「その場凌ぎ」「当座凌ぎ」。

どちらが正しい漢字でしょう？

彼のデビューは、じゃっかん二十歳だった。

□若干

□弱冠

彼はやっと、しょきの目的を達成した。

□初期

□所期

復興事業にしゅうちを集めた。

□衆知

□周知

しんきいってん、家業に精を出した。

□心機一転

□心気一転

本書は、しゅぎょくの短編小説だ。

□珠玉

□殊玉

失恋がどうした。死んではなみがなるものか。

□花実

□花見

# 【弱冠】

**じゃっかん　彼のデビューは、弱冠二十歳だった。**

「弱冠」とは、男子の二十歳《はたち》のこと。年が若いこと。中国の周時代の制度に由来する語。古代中国では男子の二十歳を「弱《じゃく》」といい、その歳になると元服《げんぷく》して冠をかぶったことから、男子二十歳を「弱冠」と言うようになった。日本でも、男子の二十歳の意味で使われていたが、その後、年が若いという意味でも使われるようになった。一方、「若干《じゃっかん》」は、数量・程度などを明示しにくい場合に使う語。いくらか。多少。「求人若干名」などと使う。

# 【衆知を集める】

**しゅうちをあつめる　復興事業に衆知を集めた。**

「衆」は、多くの人々。諸々《もろもろ》の人。この場合の「知」は、隅々までいきわたること。あまねくという意。「衆知」とは、①多くの人々が知っていること。②多くの人々が持っている知恵。「衆智」とも書く。「衆知を集める」とは、広く意見を求めること。昭和期の実業家・松下幸之助の言葉に、「衆知を集める経営」がある。一方、「周知」とは、多くの人々に知れ渡っていること。また、広く知らせること。「周知の事実」などと使う。

## 【珠玉】

しゅぎょく　本書は、珠玉の短編小説だ。

「珠」は海で採れる真珠、「玉」は山で採れる宝石。「珠玉」とは、真珠と宝石のことで、いずれも小さいが尊いものである。転じて、小さくても優れているもの、美しいものの例えに使われるようになった。芸術、特に詩や文章を褒《ほ》め称《たた》えるのに使われるが、小品・短編や詩・短歌・俳句などに限られる。したがって、「珠玉の大作」「珠玉の交響曲」とは言わない。なお、「殊」は異なるという意。

## 【所期の目的】

しょきのもくてき　彼はやっと、所期の目的を達成した。

「所」は、「~するところ」と読み、「所感」(感じるところ)、「所有」(有するところ)、「所在」(在するところ)などと用いる。「所期」は、期するところ。心の中で、そうなるように期待すること。また、前もって定めておくこと。「所期の目的」とは、心の中でそうなるように期待していた目的という意で、ほとんど成句に近い表現。一方、「初期」では、当初の目的の意味になる。

## 【心機一転】しんきいってん

心機一転、家業に精を出した。

「心機」は、心のはたらき。心の動きのこと。心持ち。「一転」は、すべてがいっぺんに変わること。「心機一転」とは、何かをきっかけにして、気持ちがすっかり変わること。一般的に、気持が前向きになり、困難に立ち向かうという肯定的意味で使われる。一方、「心気」は、気分。気持ちのことで、「心気が晴れない」などと使われるが、一転することはない。心身の些細《ささい》な不調にこだわり、執拗《しつよう》に異常を訴える「心気症《しんきしょう》」という言葉もある。

## 【死んで花実がなるものか】しんではなみがなるものか

失恋がどうした。死んで花実がなるものか。

「花実がなる」とは、事がうまく運んで良い結果が出るという意味。「死んで花実がなるものか」とは、枯木に花が咲いたり実がならないように、死んでしまっては、どうしようもない。どんな状況にあっても、生きていれば、いつかよいことも楽しいこともあるだろうという慣用句。世をはかなんで、死を望む者に対して、「無駄に命を捨てるものじゃない」と言い聞かせる言葉。「花実が咲く」ともいう。類義語は、「命あっての物種《ものだね》」「命に過ぎたる宝なし」。

どちらが正しい漢字でしょう？

今回の人事異動は、まさにせいてんの霹靂だった。

□青天
□晴天

住民は、何度もせっしょうを重ねた。

□接衝
□折衝

総務部にせきを置いています。

□席
□籍

ノーアウト満塁、ぜったいぜつめいのピンチだ。

□絶体絶命
□絶対絶命

幼い頃、いたずらをするとせっかんされた。

□接檻
□折檻

せっぱつまって、借金を申し入れた。

□切羽
□切端

## 【青天の霹靂】

せいてんのへきれき

今回の人事異動は、まさに**青天の霹靂**だった。

「青天」は、晴れ渡った青空。「霹靂」は、突然雷が鳴ること。「青天の霹靂」とは、雨が降る兆しもない青空に、突然雷鳴が轟《とどろ》くことから、突発的に起こる大事件。予期しない出来事のこと。由来は、中国南宋の詩人陸游《りくゆう》が「九月四日鶏未鳴起作」の中に書いた「青天、霹靂《へきれき》を飛ばす」による。これは、病床に伏していた陸游が、突然起き上がり、筆を走らせた勢いを雷に例えたもので、本来は筆の勢い表した言葉だった。故事成語なので、「晴天」は誤り。

## 【籍を置く】

せきをおく

総務部に**籍を置いて**います。

「籍」は、所属する人や土地などを登録した公式の文書。また、その登録のこと。「籍を置く」とは、ある組織の構成員としての資格をもち、そこに名を連ねていること。「在籍する」とも言う。また、「在籍」は、団体・学校などに属する者として登録されていることをいう。一方、「席」は、座る場所。会合などで占有する座席のこと。「席を外《はず》す」「席を改める」などと使う。

＊「青天白日」は、潔白で後ろ暗いことがなにもないことの例え。『韓愈・崔群与書』に「青天白日は、奴隷も亦其の清明を知る」とあるのにもとづく。

## 【折檻】

せっかん　幼い頃、いたずらすると**折檻**された。

「折檻」とは、強く諫《いまし》めること。厳しく叱ることという意の故事成語。中国、漢の成帝の時代、帝に謁見《えっけん》を許された朱雲《しゅうん》が、帝の信任厚い元丞相《じょうしょう》の張禹《ちょうう》を批判したところ、激怒した帝が、朱雲を引きずり出すよう命じた。すると、朱雲が宮殿の檻《らんかん》にしがみついて抵抗したため、檻が折れてしまったという故事がもと。（『漢書・朱雲伝』）。本来は、目下の者が目上の者を強く諫めることだったが、後に、厳しく叱る、こらしめの体罰の意となった。

## 【折衝】

せっしょう　住民は、何度も**折衝**を重ねた。

「折衝」とは、敵の衝《つ》いてくる矛先《ほこさき》を折るという意から、利害の一致しない相手と交渉すること。外交的・政治的な駆け引きを指すことが多い。中国の『晏子《あんし》春秋』から出た語で、斉《せい》の宰相《さいしょう》・晏子が、外交に敏腕をふるってたことを聞き、孔子が「敵の矛先を折るのは、まさに晏子の腕前」と評したことによる。「樽俎折衝《そんそせっしょう》（宴席での外交談判）」の言葉は、ここから生まれた。

＊「折檻」　朱雲の決死の諫言は、この有様を見ていた将軍辛慶忌の嘆願で許された。また、折れた檻は、戒めとして帝の在位中は修理されなかった。

# 【絶体絶命】

ぜったいぜつめい

ノーアウト満塁、**絶体絶命**のピンチだ。

「絶体」は、体がそれ以上在り続けることができなくなること。「絶命」は、どうしても逃れられない困難な立場・状態の意。「絶体絶命」とは、困難・危険から、どうしても逃れられないさま。追いつめられ、体や命が尽きるようなさまを表す成句。なお、「絶体」「絶命」は、ともに九星占いの凶星の名でもある。この星が現れると、進退窮まり、破滅を招くという。一方、「絶対」は、他に並ぶものや対立するものがないこと。「絶対君主」「絶対音感」など。



# 【切羽詰まる】

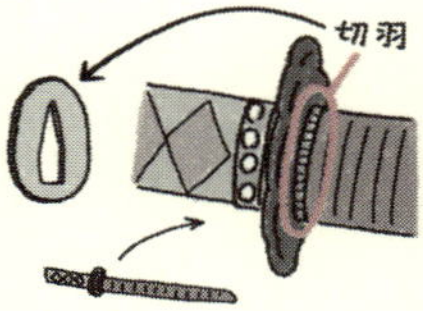


せっぱつまる

**切羽詰まって**借金を申し入れた。

「切羽」は、日本刀の鍔《つば》の両面につける楕円形の薄い金具。「切羽」の語源は、「狭《せ》鍔《つば》」「副鍔《そえつば》」が、転じたものといわれる。「切羽詰まる」とは、刀を抜くため鯉口《こいくち》をゆるめ、親指を切羽に突き当てたまま、抜くことも納めることもできない情況のこと。窮地に追い詰められ、抜き差しならぬ情況に追い込まれること。転じて、為す術《すべ》がなくなること。一方、「切端」は、「きりは」と読み、採掘現場のこと。

＊「鯉口」　刀の鞘の口のことで、断面が鯉の開いた口に似ているところからいう。鯉口を切るとは、すぐに刀が抜けるように、刃を少し引き出しておくこと。

どちらが正しい漢字でしょう？

脱党した代議士が、せつを曲げて復党した。

□ 節
□ 説

袖振り合うもたしょうの縁、出会いは大切だよ。

□ 多少
□ 多生

度重なる失敗で、せいこんが尽きてしまった。

□ 精魂
□ 精根

大使の言葉は、社交じれいに過ぎない。

□ 辞礼
□ 辞令

関係者は急いでぜんごさくを講じた。

□ 善後策
□ 前後策

たいぎめいぶんがなければ、戦《いくさ》は起こせない。

□ 大義名分
□ 大義名文

## 【節を曲げる】

せつをまげる

脱党した代議士が、**節を曲げて**復党した。

「節」は、竹の節目《ふしめ》のこと。そこから、はみ出さないように押さえる。「節度（ほどよい程度。行き過ぎのない態度）」。勝手な行いを押さえる、自分が信じて変えない考え、などの意味が生まれた。「節操（正しいと信じる主義・主張をかたくなに守って変えないこと）」。「節を曲げる」とは、今までの主義・主張を変えること。自分の信念を曲げて人に従うこと。一方、「説」は、ある人の述べた考えや意見。主義・主張。

## 【精根が尽きる】

せいこんがつきる

度重なる失敗で、**精根が尽きて**しまった。

「精根」は、精力と根気。物事を成し遂げようと集中した体力と精神力。「精根が尽きる」とは、物事を行うやる気や意志、気持ちの張りが、まったくなくなるさま。何かをしようとする気力がなくなってしまうこと。「精根を使い果たす」ともいう。一方、「精魂」は、物事に打ちこむ魂・精神の意味。「精魂込めて作り上げる」などと使うが、「尽きる」ことはない。

## 【善後策】

ぜんごさく　関係者は急いで**善後策**を講じた。

「善後」は、物事のあとの始末をよくすること。あとあとのためによくすること。出典は、『孫子・作戦』で、「夫《そ》れ、兵を鈍らし鋭を坐《くじ》き、力を尽くし貨をつくせば、即ち諸侯、その弊《へい》に乗じて起こり、智者有りと雖《いえど》も、その後を善くす能《あた》わず」。つまり、「善後策」とは、事件などの後始末をうまくつけるための方法。後始末の手段。問題のあるものを改めて、よくするための方策。「社員の不祥事が発覚したため、総務部長は善後策に苦慮している」。一方、「前後」は、物のまえとうしろ。

## 【袖振り合うも多生の縁】

そでふりあうも たしょうのえん　**袖振り合うも多生の縁**、出会いは大切だよ。

「多生」は、仏教語で何度も生まれ変わって、多くの生をうけること。「他生《たしょう》」とも書くが、この場合は、今生《こんじょう》（現世）に対して、前生や後生（来世）を指す語。「袖振り合うも多生の縁」とは、道で通りすがりに袖が振れ合うような偶然の出会いも、多くの生を経る間に結ばれた因縁によるものである。ちょっとした出会いも大切にしないといけないという教え。『上方いろはかるた』のひとつ。「袖振れ合うも…」という送り仮名も誤り。

# 【社交辞令】

しゃこうじれい

大使の言葉は、**社交辞令**に過ぎない。

「辞令」は、改まって人と応対するときの形式的な言葉・挨拶のこと。「社交辞令」とは、社交・外交上、好感を与える儀礼的な応対の言葉。転じて、世間の付き合いを円滑にするための、本心とは異なる口先だけのほめ言葉やお世辞《せじ》の意味となった。同義語に「外交辞令」がある。また、「お世辞」は、他人に対する愛想のよい言葉。人に気に入られるような上手な口ぶりのこと。なお、「辞礼」という語はない。

# 【大義名分】

たいぎめいぶん

**大義名分**がなければ、戦《いくさ》は起こせない。

「大義」は、君主・国家に対する臣民としての道。人として守らなければならない道義のこと。「名分」は、身分や地位の名に応じて、守らなければならない本分の意。「大義名分」とは、本来は、臣下として守るべき道義や節度、出処進退などのあり方を指した。今日では、行動を起こすにあたって、その正当性を主張するための道理・根拠を指すようになった。

＊「辞令」には、官職や役職などの任免の際に、その旨を書いて本人に渡す文書の意もある。「人事異動の辞令が出た」などと使う。

どちらが正しい漢字でしょう？

マイホームは、**たかねの花**だ。

□ 高値

□ 高嶺

現職と新人とが激しい**つばぜり合い**を演じた。

□ 鍔迫り合い

□ 鍔競り合い

**たかをくくって**いると、とんでもない目にあうぞ。

□ 多寡

□ 高

総理は、**でんかの宝刀**を抜いて衆議院を解散した。

□ 天下

□ 伝家

**たんとうちょくにゅう**に伺いますが、手数料は頂けますか。

□ 単刀直入

□ 短刀直入

拝啓 **とうか親しむ**べき候となりました。

□ 灯火

□ 灯下

## 【高嶺の花】

たかねのはな

マイホームは、**高嶺の花**だ。

「高嶺」は、高い山の頂、高い峰のこと。「高根」とも書くが、これは借字《しゃくじ》。「高嶺の花」とは、高い山の頂に咲いている美しい花のように、見えてはいるが手の届かないもの。欲しいと思っても、遠くから眺めるだけで、実際には手に入れることのできないもの。「高根の花」ともいう。一方、「高値」は、値段が高いこと。マイホームは、たしかに高値だが、「高値の花」とは言わない。

## 【高をくくる】

たかをくくる

**高をくくって**いると、とんでもない目にあうぞ。

「高」は、生産高、残高など物の数量や金額を見積もった時の合計額のことで、数量の程度を表す。「くくる」は、まとめる、物事に区切りをつけること。「高をくくる」とは、この程度だろうとまとめることから、安易に予測したり、大したことはないと侮《あなど》ることをいうようになった。一方、「多寡《たか》」は、多いことと少ないこと。多いか少ないか。「金額の多寡は問わない」などと用いる。

*「高をくくる」　大したことはないと侮る意味が含まれるようになったのは、戦いの際に勝敗を予測するため、相手の領地の「石高」を計算したことが由来ともいわれる。

## 【単刀直入】

たんとうちょくにゅう

**単刀直入**に伺いますが、手数料は頂けますか。

「単刀」は、短い刀ではなく、一本の刀のこと。「直入」は、回り道することなく、すぐに入ること。「単刀直入」とは、もとは、一振りの刀を持って、敵陣にまっすぐ切りこんでいくこと。出典は、北宋の僧、道原《どうげん》が編纂した『景得伝灯録《けいとくでんとうろく》』。転じて、前置きを抜きにしていきなり本題に入ること。問題の核心をつくこと。一方、「短刀」は、短い刀。長さ一尺（約三〇・〇センチ）以下の刀の総称。

## 【鍔迫り合い】

つばぜりあい

現職と新人とが激しい**鍔迫り合い**を演じた。

「鍔」は、刀剣の柄《つか》と刀身との間に挟んで、柄を握る手を防御する平たい金具。「迫り合い」は、互いに押し合って詰め寄ること。「鍔迫り合い」とは、真剣勝負で打ち合わせた刀を互いの鍔で受け止めたまま、鍔と鍔とを押し合うようにして激しく争うさまから、互角に激しく争うこと。力に差がなく、緊迫した情況で勝負を争うこと。一方、「競り合い」は競争。「ゴール前の競り合い」などと使う。なお、最近は「鍔迫り合い」と「鍔競り合い」の両方を併記する辞書もみられる。

## 【伝家の宝刀《でんかのほうとう》】

総理は、**伝家の宝刀**を抜いて衆議院を解散した。

「伝家」は、先祖から代々その家に伝わるという意。「家伝」と同じ。「伝家の宝刀」とは、代々その家に家宝として伝えられてきた名刀。「家伝の宝刀」ともいう。転じて、いざというときにだけ使用する思い切った手段。とっておきの手段。切り札のこと。多くの場合、「伝家の宝刀を抜く」の形で使われる。しかし、「天下の宝刀」と間違って使う人がけっこういる。

## 【灯火親しむべし《とうかしたしむべし》】

拝啓　**灯火親しむべき**候となりました。

「灯火」は、ともしび、あかりのこと。戦時中は、米軍機の空襲を避けるために、「灯火管制」という言葉も生まれた。「灯火親しむ」とは、夏が去り、明かりの下も過ごしやすくなり、読書に適した秋が到来したという慣用句で、手紙の時候の挨拶によく使われる。出典は、中国、中唐の詩人韓愈《かんゆ》の詩の一節「灯火やや親しむべし」（灯火にもようやく親しむことができるようになった）である。

どちらが正しい漢字でしょう？

□同巧異曲
□同工異曲
作品は、どうこういきょくのものばかりだ。

□鳴かず飛ばず
□泣かず跳ばず
田舎で、なかずとばずの生活をしています。

□淘汰
□陶汰
進化の過程には、自然とうたがある。

□年棒制
□年俸制
我が社も、今年からねんぽうせいになった。

□取り付く暇
□取り付く島
何を言っても不機嫌で、取り付くしまもない。

□乗るか反るか
□伸るか反るか
のるかそるか、この試合にすべてをかけてみよう。

## 【同工異曲】

**どうこういきょく**　**作品は、同工異曲のものばかりだ。**

「工」は、巧みさ・技巧。手際。「曲」は、音曲《おんぎょく》のこと。「同工異曲」とは、もとは、音楽の演奏や詩文などについて使われた言葉で、手法や技巧は同じであるが、味わいや趣が異なることだった。転じて、見かけは違うようでも、内容はほとんど同じであるという否定的な意となった。出典は、中唐の文人、韓愈が学問の進め方について解説した『進学解《しんがくかい》』にある「下は荘騒《そうそう》、大使の録する所、子雲相如の、同工異曲なるに逮《およ》ぶ」による。

## 【淘汰】

**とうた**　**進化の過程には、自然淘汰がある。**

「淘」も「汰」も「さんずい」がついているように、どちらも水で洗い、すすいで選《よ》り分けるという意味。「淘汰」とは、不要なものを取り除き、良いものを残すこと。また、進化論で、環境に適した生物が子孫を残し、他は滅びる現象。一方、「陶」には、焼き物（陶器）、うっとりする（陶酔）、教え導く（薫陶）などの意味があるが、選り分けるという意味はない。

＊「同工異曲」　下は『荘子』『離騒』（屈原の作）、司馬遷の記録した『史記』、揚雄や司馬相如の文など、みな同じように巧みだが、趣の異なったものという意。

## 【取り付く島もない】

とりつく しまもない

**何を言っても不機嫌で、取り付く島もない。**

「取り付く島」は、取り付く所。頼りにして取りすがる所。「取り付く島もない」とは、頼れる所もなく、どうしようもないという意から、何かを頼んだり相談しようとしても、相手の態度が冷たくて、きっかけさえつかめないことの例え。もっぱら「取り付く島もない」という慣用句で用いられる。これを「取り付く暇もない」と誤用するのは、相手の無愛想な態度の理由を、忙しくて時間がないと誤解したものか、または、「し」と「ひ」の音の混同からかもしれない。

## 【鳴かず飛ばず】

なかず とばず

**田舎で、鳴かず飛ばずの生活をしています。**

「鳴かず飛ばず」は、これといった行動や活躍もしないでいることの例え。本来は、将来に備えて雌伏《しふく》していることだったが、後に、現在の意味になった。中国、楚の荘王が、即位後三年間、なんにもせず享楽にふけっていることに対し、臣下の伍挙《ごきょ》が「三年蜚《と》ばず鳴かず」と諫言《しんげん》すると、荘王が、「三年飛ばないが、ひとたび飛べば天まで昇るだろう。三年鳴かないが、ひとたび鳴けば人々を驚かすだろう」と答えた。その後、荘王は国政に乗りだし、楚は大いに繁栄したという（『史記』）。

## 【年俸制】ねんぽうせい

**我が社も、今年から年俸制になった。**

「俸」は、官庁が職員に対して支払う手当・給料。「俸給《ほうきゅう》」「俸禄《ほうろく》」などともいう。「俸給」は、官吏《かんり》に与えられる基本給のこと。また、「俸禄」は、俸と禄のことで、武士に支払われる知行《ちぎょう》・扶持《ふち》・切米《きりまい》などを指す。「年俸」とは、一年を単位として定めた俸給。また、一年分の俸給。最近は、民間の会社でも、「年俸制」の給与体系を採用するところが多くなった。「ねんぼう」と読んではいけない。また、「年棒」と書いてはいけない。

## 【伸るか反るか】のるかそるか

**伸るか反るか、この試合にすべてをかけてみよう。**

「伸る」は、長く伸びる、真っ直ぐ伸びる意味。「反る」は、後ろに曲がること。矢師が矢を作る時に使った言葉がもと。即ち、矢竹を曲がりを直す道具に入れて乾燥させた後、「伸るか反るか（真っ直ぐになったか曲がっているか）」と、成否を案じながら竹を取り出したことによる。成否を天に任せて、思い切ってやるの意。「乗る」では、意味が通じない。

＊「伸るか反るか」　物を賭けて勝負を決めることを「賭る（のる）」と言うことから、勝負的な意味合いが強まったともいわれる。

どちらが正しい漢字でしょう？

あの評論家は、歯にきぬ着せぬ発言で有名だ。

□ 衣
□ 絹

君の成功は、ふだんの努力の賜物だ。

□ 普段
□ 不断

資金繰りが行き詰まっては、ばんじきゅうすだ。

□ 万事休す
□ 万事窮す

この本は、明治時代にふっこくされたものである。

□ 復刻
□ 複刻

今度の新企画は、まさに瓢箪《ひょうたん》からこまだね。

□ 独楽
□ 駒

組織のへいがいを取り除く。

□ 幣害
□ 弊害

## 【歯に衣着せぬ】 はにきぬきせぬ

**あの評論家は、歯に衣着せぬ発言で有名だ。**

「衣」は、衣服・着物のこと。つまり身を飾るもの。「歯に衣着せぬ」とは、相手の感情や思惑をまったく気にすることなく、思ったことをずばずば言うさま。言葉を飾ったりしないで、ずけずけ言うこと。「歯に衣着せぬ毒舌《どくぜつ》」などと、否定形で使う慣用句。反義語は、「奥歯に衣《きぬ》を着せる」。なお、「歯に衣を着せぬ」としてはいけない。衣を「ころも」と読むのも誤り。また、「絹」と書くのは誤用。

## 【万事休す】 ばんじきゅうす

**資金繰りが行き詰まっては、万事休すだ。**

「万事」は、すべてのこと。あらゆること。「休す」は、休止する。すべきことがなくなったの意。「万事休す」とは、何事もすべて休止するの意から、もはやどうにもならない。手の施しようがない。万策尽きることをいう。出典は、『宋史・荊《けい》南高《なんこう》氏《し》世家《せいか》』。荊南を継いだ王子の保勗《ほきょく》が甘やかされて育ったため、荊南の民衆が「万事休す」と言ったという故事がもと。「万事窮す」は誤用。

## 【瓢箪から駒】

ひょうたんからこま

今度の新企画は、まさに**瓢箪から駒**だね。

「瓢箪」は、植物のヒョウタンの実を乾燥させて作る器。「ひさご」ともいい、古来、水や酒などを入れる容器として使われている。「駒」は馬のこと。「瓢箪から駒」とは、瓢箪のような小さい口から、道理上あり得ない大きな馬が飛び出すこと。意外なところから意外なことが生じることの例え。特に、冗談半分で言ったことが、現実になることをいう。『上方いろはかるた』の一つ。なお、「独楽《こま》」は、回転させて遊ぶ玩具のこと。

橘守国の瓢箪から駒

## 【不断の努力】

ふだんのどりょく

君の成功は、**不断の努力**の賜物だ。

「不断」は、とだえることなく続くこと。また、そのさま。「不断の努力」とは、日ごろから途切れることなく続いている努力のこと。思いついたように単発で行うのではなく、日々連綿《れんめん》と続ける努力を指す。一方、「普段」は、「不断」から派生した「いつもの状態」「平生」の意味に対して当てた字が、一般化したもの。「普段着」や「普段心がけていること」などと用いられる。

## 【復刻】

本版印刷の版木と印刷

**ふっこく　この本は、明治時代に復刻されたものである。**

「復刻」は、もとは「覆刻《ふっこく》」と書いた。「被《かぶ》せ彫《ぼ》り」という意味で、木版印刷で、原本を版木《はんぎ》に貼りつけ、彫り直したものを、そのまま版下《はんした》にして印刷することをいった。転じて、既刊本を再製する意となった。その後、活版印刷になっても、「覆刻」が用いられていたが、「もう一度印刷する」という意で「復刻」と書かれるようになった。なお、「複」は、①二つ以上のものが重なっていること。「複雑」「複数」②同じことを重ねて行うこと。「複製」。

## 【弊害】

**へいがい　組織の弊害を取り除く。**

「弊」は、物が壊れてボロボロになる（弊衣《へいい》）。体が疲れる（疲弊《ひへい》）。悪い習慣（悪《あく》弊《へい》）などの意味がある。また、自分に関することに添えて謙譲を示す「弊社《へいしゃ》」、「弊店」などと使う。「弊害」とは、他に害を及ぼす物事。害となる悪いこと。一方、「幣《へい》」という字は、神にささげる絹のことで、高価なもの、お金（紙幣・貨幣）を表す。字形は似ているが。「弊」と「幣」では、天地の差がある。

どちらが正しい漢字でしょう？

□ 孫 □ 馬子

すっかり見ちがえたよ。まごにも衣装だね。

□ 有終 □ 優秀

その選手は、ゆうしゅうの美を飾って引退した。

□ 無我霧中 □ 無我夢中

何事もむがむちゅうでやってきました。

□ 有名 □ 勇名

彼は、世界にゆうめいを馳せたボクサーだった。

□ 木阿弥 □ 黙阿弥

そんな態度では、すぐ元のもくあみになってしまうぞ。

□ 履習 □ 履修

教職課程をりしゅうする。

## 【馬子にも衣装】

まごにも いしょう

すっかり見ちがえたよ。馬子にも衣装だね。

「馬子」は、昔、街道などで、駄馬《だば》をひいて荷物や人を運ぶことを生業《なりわい》とした人、馬方《うまかた》のことで、「孫」ではない。「馬子にも衣装」とは、馬子のような者でも立派な衣服を身につければ、ひとかどの人物に見えることから、どのような人間でも、外面を飾れば立派に見えることの例え。なお、親しい間柄で冗談に使うのはいいが、他人に使う時は失礼にならないよう注意が必要である。

## 【無我夢中】

むがむちゅう

何事も無我夢中でやってきました。

「無我」は、もとは仏教語で、自分に捕らわれる心を超越した心。そこから自分を忘れる意。我意《がい》がないことの意。「無我の境地」「無我の愛」などという。また、「夢中」は、夢の中の意から、物事にすっかり熱中して、他のことを考えられない状態をいう。「無我夢中」とは、ある事にすっかり心を奪われて、我を忘れてしまうさま。一方、「霧中」は、霧の中。「五里霧中」の霧中と混同しやすい。

## 【元の木阿弥】

もとのもくあみ

**そんな態度では、すぐ元の木阿弥になってしまうぞ。**

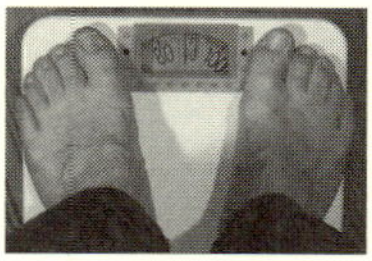

せっかくのダイエットも

「元の木阿弥」とは、いったんよくなったものが、再び元のよくない状態に戻ってしまうこと。語源は諸説あるが、以下の説が有力。戦国時代、大和の筒井《つつい》順昭《じゅんしょう》が病死した際、跡継ぎの順慶《じゅんけい》が幼かったため、順昭の死を隠し、順昭と顔や声が似ていた木阿弥という男を薄暗い寝所に寝かせて敵を欺いた。順慶が成人し順昭の死が公表されると、木阿弥は用済みとなり元の身分に戻された。一方、「黙阿弥」は、幕末・明治期に活躍した「河竹黙《かわたけもく》阿弥《あみ》」を指すことが多い。

## 【有終の美】

ゆうしゅうのび

**その選手は、有終の美を飾って引退した。**

「有終」は、終りをまっとうすること。『詩経・大雅・蕩』の「初め有《あ》らざるなし、克《よ》く終わり有る鮮《すくな》し」（物事を行うのに、初めは誰でも計画を立てて一生懸命やるが、それを最後までやりとげる者は少ない）。「有終の美」とは、物事を最後までやり通し、立派な成績をあげること。物事の最後を立派に成し遂げること。「有終の美を飾る」「有終の美を成す」の成句で使われる。一方、「優秀」は、他のものより一段と勝っていること。「優秀な人材」「優秀な成績」などと用いる。

## 【勇名を馳せる】

ゆうめいをはせる

**彼は、世界に勇名を馳せたボクサーだった。**

「勇名」は、勇敢な人であるという名声。勇ましくて強いという評判のこと。「馳《は》せる」は、世の中に広範囲に行きわたらせること。とどろかすこと。「勇名を馳せる」とは、勇ましくて強いという評判が、広く知られるようになることをいう。一方、「有名」は、既に名が知れ渡っているさまを指す語であるから、「有名を馳せる」とは言わない。

## 【履修】

りしゅう

**教職課程を履修する。**

「履」は、一歩一歩踏みしめる、着実に行うという意味を持つ。「履行《りこう》（決められたことを実際に行うこと）」。「履践《りせん》（実行すること）」など。「履修」とは、決められた学科・課程などを習い修めること。単に「習う」ことでなく、「修得」すること。規定の教科・科目などを学び修めることに重点を置いた言葉。「履習」でなく「履修」と書く。なお、「履歴」は、その人が経てきた学業・職業などのこと。

## 知っていますか？　本来の意味

「暮れなずむ町の　光と影の中　去りゆくあなたに　贈る言葉…」

今や卒業式ソングの定番となった名曲の歌詞だが、「暮れなずむ」とは、どんな風景だろう。夕暮れ時だとはわかるが、暮れ始めだろうか、それとも暮れきった頃だろうか。

このように、ふだん私達は、本来の意味をあまり考えずに、いろいろな言葉を使っているが、改めて問われてみると、正確な意味を知らずに使っていることに気づかされる。

以下は、ふだんよく使っている日常言葉である。どちらの意味が正しいか、答えなさい。

あみだにかぶる　（A）目深にかぶる　（B）後ろに傾けてかぶる
いさめる　（A）目上から目下を注意する　（B）目下から目上に意見を言う
お裾分け　（A）もらった物の一部を分ける　（B）自分の物を分ける
かまける　（A）すべきことをなまける　（B）ひとつのことに気をとられる
逆恨み　（A）恨みに思う相手から逆に恨まれる　（B）自分が悪いのに逆に相手を恨む
左岸　（A）上流に向かって左側の岸　（B）下流に向かって左側の岸
したりがお　（A）得意そうな顔つき　（B）知ったかぶりの顔
失笑する　（A）あざけり笑う　（B）こらえきれず笑う
ぞっとしない　（A）それほど面白くないし感動もしない　（B）あまり恐ろしくない
ちなみに　（A）付け加えるなら　（B）たいしたことではないが

つかぬこと　（A）関係のないこと　（B）つまらないこと
ていたらく　（A）ありのままの状態　（B）悲惨な状態
名前負け　（A）名前が立派すぎる　（B）名前が劣っている
日柄　（A）天気　（B）その日の吉凶
筆が立つ　（A）字がうまい　（B）文章がうまい
やおら　（A）急に　（B）ゆっくりと
矢先　（A）何かが起きた直後　（B）何かが起きる直前
よんどころない　（A）しかたがない　（B）急な

［解答］

あみだにかぶる（B）／いさめる（B）／お裾分け（A）／かまける（B）／逆恨み（A）／左岸（B）／したりがお（A）／失笑する（B）／ぞっとしない（A）／ちなみに（A）／つかぬこと（A）／ていたらく（A）／名前負け（A）／日柄（B）／筆が立つ（B）／やおら（B）／矢先（B）／よんどころない（A）

＊「暮れなずむ」は、暮れそうで暮れないようす。「なずむ」は「滞（とどこお）る」という意。
＊「つかぬこと」は、関係ないことが本来の意味。「ところで、つかぬことを伺いますが」
＊「ていたらく」の「てい」は、「体」でようすのこと。語自体に、否定的な意味はない。
＊「やおら」は、ゆっくりとが正解。「彼はやおら立ち上がった」
＊「よんどころない」は、拠り所がない、そうする他にしようがない。

# 第2章

# 読めますか、この漢字

友人は、手紙に目を通すと、憮然たる面持ちで、席を立った。

さて、「憮然たる面持ち」は、「ぶぜんたるおももち」と読みますが、この友人の気持ちは、どのようなものだったのでしょう。それによって、かける言葉も違ってきます。

この「憮然」は、「失望してぼんやりとしているようす」を意味しますが、文化庁が発表した平成十九年度「国語に関する世論調査」によると、七〇・八パーセントの人が、間違った意味の「腹を立てているようす」で使っているそうです。「憮然」の「ブ」という音が、ブスとした態度や小言や苦情をぶつぶつ言い立てるさまを連想させるからかもしれません。

その他、「姑息」や「暫時」、「顰蹙」、「流れに棹さす」など、読みだけでなく、本来の意味を間違ったまま使っている人が、けっこういます。

以下は、私たちが日頃、何気なく使っている漢字の熟語や慣用句です。いずれも、よく知っている身近な言葉ですが、漢字の正しい読みを答えなさい。

＊「流れに棹さす」　棹を水底に突いて舟を進めることから、時流にうまく乗るという意だが、大勢に逆らうことと誤解している人が多い。

正しい読みを答えなさい。

□ いつまでも**曖昧**な態度はよくない。

□ あの店は、**一見客**はお断りだよ。

□ 投手と捕手とは、**阿吽の呼吸**が大切だ。

□ 密輸組織を**一網打尽**にした。

□ そんな**居丈高**な態度では反感をもたれるよ。

□ 担当者の**慇懃無礼**な態度には、腹が立った。

## 【あいまい】

**いつまでも曖昧な態度はよくない。**

「曖昧」とは、はっきりしないこと。あやふやなこと。いかがわしいさま。「曖」も「昧」も「暗い」を意味する字で、暗くて、うすぐらい。確かでないというところから、「はっきりしない」や「いかがわしい」といった意味が生じた。「曖昧」とは、イエスとノーの間にあるグレーゾーンのことである。なお、「曖昧」の「昧」の字を「味」と書き間違える人が多いので注意が必要。

## 【あうんのこきゅう】

**投手と捕手とは、阿吽の呼吸が大切だ。**

「阿吽の呼吸」は、息が合うこと。つまり、一緒に何かをするときに調子や気持ちがひとつになることをいう慣用句。「阿吽」とは、サンスクリット語の「a-hum」の音写。「悉曇《しったん》の字母表」で、阿（a）は最初の韻、吽（hum）は最後の韻。密教では「万物の根源」と「一切が帰着する知徳」の象徴とされている。また「阿」は口を開いて発声し、「吽」は口を閉じて発声することから、吐《は》く息と吸う息を表す。寺社の山門にある一対の狛犬《こまいぬ》の口や仁王《におう》の口は、「阿吽」を表している。

＊「悉曇の字母表」　サンスクリット語は表音文字で、母音と子音の計51字を基本としている。字母表は、これを表にしたもので、日本語の「あいうえお表」のようなもの。

## 【いたけだか】

**そんな居丈高な態度では反感をもたれるよ。**

「居丈高」とは、相手を威圧するような態度をとるさま。「居」は「座る」という意味で、「丈」は高さの寸法。したがって「居丈高」とは、座ったときの背が高いこと。座って相対したとき、背筋を伸ばして体を大きく見せることから転じ、体を反《そ》らせて相手を見下す、威圧するような態度をとるという意になった。「威丈高」とも表記されるが、「威」は意味からの当て字で、「居」が正しい表記である。

## 【いちげんきゃく】

**あの店は、一見客はお断りだよ。**

「一見客」とは、料亭や旅館などで、馴染《なじ》みでない初めての客。「一見の客」「一見さん」ともいう。「見」は、人に会うことで、「見参」の略。近世、上方の遊里《ゆうり》で、遊女が客に初めて会うことを「いちげん」といい、その客を「いちげんきゃく」といったことがもと。茶屋遊びは、「つけ」払いが原則だったので、見知らぬ客は警戒されることが多かった。のち、それが一般社会でも使われるようになったもの。

＊「一見客」と同じ意に、「振りの客」がある。動詞「振る」が、名詞化して「振り」となったものだが、なぜこのような意味となったのかは不明。なお、「フリーの客」ではない。

## 【いちもうだじん】

**密輪組織を一網打尽にした。**

「一網」は、一回の網。「打尽」は捕り尽くすという意。「一網打尽」とは、ひと網で、あたりのすべての魚や鳥獣《ちょうじゅう》などを全部捕らえること。転じて、犯人などをひとまとめに捕らえること。出典は、『呂《ろ》氏《し》春秋《しゅんじゅう》・異用《いよう》』。四面に網を張り、四方からの獲物をすべて捕らえようと祈っている呪師《じゅし》の故事を踏まえたもの。また、『宋史』には、検察官の王拱辰《おうきょうしん》が、公金不正流用疑惑の現場をおさえて一斉逮捕したときに、「吾、一網に打ち去り尽くせり」と言ったという故事がある。

## 【いんぎんぶれい】

**担当者の慇懃無礼な態度には、腹が立った**

「慇」の訓読みは「ねんごろ」。「懃」も「ねんごろ」と読む。「慇懃」は、真心がこもっていて、礼儀正しいこと。「慇懃な態度」「慇懃に挨拶をする」などと使う。「無礼」は、礼儀にはずれること。これが「慇懃無礼」になると、表面上だけは丁《てい》寧《ねい》だが、内心は尊大《そんだい》で相手を見下しているさまになる。また、言葉や態度が丁寧すぎると、かえって相手に失礼なことをいう。よく似た言い方に、「礼も過ぎれば無礼になる」がある。

正しい読みを答えなさい。

□ 贈収賄《ぞうしゅうわい》事件の本質は、**魚心あれば水心**だ。

□ ワインの**蘊蓄**を傾ける。

□ 敵の軍勢は、**烏合の衆**に過ぎない。

□ 申請書に、**押印**をお願いします。

□ あの女将《おかみ》は、**海千山千**だね。

□ 部下に**椀飯振る舞い**をした。

## 【うおごころあればみずごころ】

**贈収賄事件の本質は、魚心あれば水心だ。**

「魚にその水と親しむ心があれば、水もそれに応じる心がある」という意から、相手が好意を示してくれれば、こちらも好意を持って対応しようという例え。相手の態度次第で自分の行動をどうするか決めるという意。本来は「魚、心あれば、水、心あり」だったが、後に誤って「魚心」「水心」と一語化した。悪いイメージがついたのは、江戸時代の浄瑠璃『関取千両幟《のぼり》』で、「太夫《たゆう》が身を贖はおれ次第、魚心あれば水心」と、金を出して相撲の八百長を頼む場面で使われたことによる。

## 【うごうのしゅう】

**敵の軍勢は、烏合の衆に過ぎない。**

「烏合」は、カラスの集団のことで、鳴いてうるさいだけで無秩序な集団の例え。「烏合の衆」とは、カラスの集団のように規律や統制もなく、ただ寄り集まっただけの群衆や軍勢を嘲笑していう言葉。出典は『後漢書・耿弇伝《こうえんでん》』。自らを漢の皇帝の子孫と詐称して挙兵した王郎《おうろう》の軍隊に対して、後漢の武将耿弇が言った言葉がもと。現代では、カラスは知能の高さや相互の情報交換に長《た》けていることが知られているので、「烏合」＝「カラスの集団」は、なじみにくい。

＊耿弇の言葉　「烏合の衆に過ぎない王郎の軍など、枯れるを挫（くじ）き腐れたるを折るように簡単に蹴散らすことができる」

## 【うみせんやません】

あの女将は、海千山千だね。

「海千山千」とは、「海に千年、山に千年住んだ蛇は竜になる」という言い伝えがもと。本来は、「立派な竜になる」という意味が含まれていたが、やがて世の中で様々な経験を積み、物事の裏表を知り尽くした、ずる賢くしたたかな者を指すようになった。褒《ほ》め言葉としては使わないので、使うときは注意が必要。なお、「海千山千」という用例は、昭和になってから使われるようになった。

## 【うんちく】

ワインの蘊蓄を傾ける

「蘊」も「蓄」も蓄えるという意。「蘊蓄」とは、蓄えた深い学問や知識のこと。もとは、知識に限らず、「以《もっ》て余力を蘊蓄すべし」（『佳人之奇遇《けいじんのきぐう》』）のように、蓄えるという意味で用いられたが、後に、蓄えた知識の全てを出しつくすという意味で使われるようになり、「蘊蓄を傾ける」「蘊蓄を傾注する」という慣用句となった。なお、「蘊蓄をたれる」という表現は誤用。一方的に知識を披瀝《ひれき》する人に対する反感が、背景にあるのかもしれない。

## 【おういん】

**申請書に、押印をお願いします。**

「押印」とは、印判を押すこと。また、その印判。「押」を「オウ」と読むのは漢音。漢音の例には他に、「押収《おうしゅう》」、「押韻《おういん》」などがある。同じ意味に、「捺印《なついん》」があるが、「捺印」は、当用漢字に登録されなかったため、代わりに「押印」という言葉が作られたという。ちなみに、「捺印」は、印判を押すことで、「捺」の字自体に、印を押す意味が含まれている。どちらも同じ意味だが、法的には、「署名捺印」と「記名押印」と使い分ける。

印判と印鑑

## 【おおばんぶるまい】

**部下に椀飯振る舞いをした。**

「椀飯《おうばん》」は、お椀《わん》に盛った飯のこと。平安時代、公事《くじ》や儀式のときに、お椀に盛った食事が振る舞われることを「椀飯振る舞い」と言った。江戸時代には、庶民にも伝わり、正月などに親類を集めて開く酒宴を「椀飯振る舞い」と言うようになった。現在では、「椀飯」と「大盤」が混同されて「大盤振る舞い」となり、食事に限らず気前よく振舞うことを言うようになった。なお、「大盤」は当て字。「大番振る舞い」は誤字。

＊印判と印鑑　印判は判子（印章）のことで、印鑑は押された印影のこと。印影と印章の所有者を一致させるために登録したものが印鑑登録、それを証明するものが印鑑証明。

正しい読みを答えなさい。

□ そんな**御為ごかし**には、ひっかからないよ。

□ 祖母の**戒名**を墓石に刻んだ。

□ 刑事は、**押っ取り刀**で現場に駆けつけた。

□ 文章が長すぎたので、一部を**割愛**した。

□ あの実業家も、すっかり**尾羽打ち枯らして**しまった。

□ 年上の女房は**金の草鞋**を履《は》いてでも探すもんだ。

## 【おためごかし】

**そんな御為ごかしには、ひっかからないよ。**

「御為《おため》」は、相手を敬って、その利益をはかることをいう。「ごかし」は、接尾語で、名詞に付いて、自分の利益をはかるために、そのようなふりをすること。また、それにかこつけるなどの意を表す。表面上親切そうに見せかける「親切ごかし」、巧みに言いくるめて思い通りに操る「上手ごかし」などと使う。「御為ごかし」とは、表面上は、いかにも相手のためであるかのように見せかけて、実際は自分の利益をはかること。

## 【おっとりがたな】

**刑事は、押っ取り刀で現場に駆けつけた。**

「押っ取り刀」とは、緊急の場合に取るものも取らず大急ぎで駆けつけるさま。「押っ取り」は「急いで手に取る」「勢いよくつかみ取る」こと。武士が、急な出来事で刀を腰に差す暇もなく、手に持ったまま駆けつけるさまをいった。現代でも、「押っ取り刀」という成句で使われるが、まったく逆の「のんびりとしたさま」だと誤解している人が多い。「押っ取り」を、仕草や性格がのんびりと落ち着いているさまの「おっとり」と勘違いしているからだと思われる。

＊「押っ取り刀」　押っ（おっ）は「おっぱじめる」や「おったまげる」の「おっ」と同じ、動詞に付いて意味を強める「押し」の音変化である。

## 【おはうちからす】

**あの実業家も、すっかり尾羽打ち枯らしてしまった。**

「尾羽」は、鳥の尾と羽のこと。「尾羽打ち枯らす」とは、鷹が尾羽を傷つけてみすぼらしい姿になるところから、落ちぶれて、みじめな姿になること。地位や権力のあった人が落ちぶれて、昔の面影がなくなること。零落《れいらく》すること。尾と羽は「お・は」と区切って読むのが正しい読み方。井原西鶴《いはらさいかく》の『武道伝来記』に、「この里に、ねぐらの鳥のをはうちからし」とある。

## 【かいみょう】

**祖母の戒名を墓石に刻んだ。**

「戒名」とは、仏教において受戒《じゅかい》した者に与えられた名前。仏門に入った証《あかし》であり、戒律を守る印《しるし》であった。もとは法名《ほうみょう》、法号ともいわれていたが、浄土真宗など受戒の作法がない宗派が出たため、法名と受戒者の法号とを区別するために、「戒名」と呼ぶようになった。日本では、人間は死後に成仏《じょうぶつ》するという思想のもと、故人に「戒名」を授ける風習が生れた。死後の「戒名」は、特に日本で盛んである。

＊「戒名」　浄土真宗では受戒しないので、「戒名」という言い方はせず、仏法に帰依した人という意味で「法名」という。

## 【かつあい】

**文章が長すぎたので、一部を割愛した。**

「割愛」は、もと仏教語で、愛着の気持ちを断ち切ること。「割愛する」とは、本来、惜しいと思っているものを、思い切って捨てたり、手放したりすること。これを、単に不必要なものを切り捨てる、という意味で使う人がたくさんいるが、間違った使い方である。よく似た語に、「省略」があるが、これは、簡単にするために一部を取り除くことで、取り除いたものに対する愛着の気持はない。

## 【かねのわらじ】

**年上の女房は金の草鞋《わらじ》を履いてでも探すもんだ。**

「年上の女房は金の草鞋を履《は》いてでも探せ」は、年上の女は目走りが利《き》くから長い時間をかけて歩き回ってでも探す価値があるという意味の成語。「金」は、金《きん》ではなく鉄《てつ》のことだが、金《きん》の草鞋と誤読する人が多い。「金の草鞋で探す」とは、すり減ることのない鉄製の草鞋を履いて、根気よくあちこちを探し回ることの例え。草鞋は、昔の旅の必需品だったが、藁《わら》で編んだ物なので弱い。金属製の草鞋であれば、すり減らないので、とことん探せるということ。

正しい読みを答えなさい。

□ 折角の仕事も**画竜点睛**を欠いたね。

□ 観光客が絶え、街には**閑古鳥**が鳴いている。

□ 両氏は、**侃侃諤諤**の論争を繰り広げた。

□ 質問に、**間髪を入れず**答えた。

□ その小説は、古典を**換骨奪胎**したものだ。

□ **閑話休題**、実は、ご相談したいことがあります。

## 【がりょうてんせい】

**折角の仕事も画竜点睛を欠いたね。**

「睛」は、「ひとみ（瞳）」の意で、「点睛」は、動物の絵を描き、最後に瞳を入れて完成させること。中国の張という絵の名人が、金稜の安楽寺の壁に竜の絵を描き、最後に瞳を描き入れたところ、竜が昇天したという故事が由来（出典『歴代名画記』）。その後、物事を完成するために、最後に加える大切な仕上げを「画竜点睛」というようになった。「画竜点睛を欠く」とは、ほぼ完成しているが、肝心な一点が抜けているため、全体が生きてこないという慣用句。

## 【かんかんがくがく】

**両氏は、侃侃諤諤の論争を繰り広げた。**

「侃《かん》」は、正しいという意味で、「諤《がく》」は、正しいことを遠慮なく言うという意味。「侃侃」も「諤諤」も、その意を強めた表現。「侃侃諤諤」とは、誰憚《はばか》ることなく正論を堂々と主張するさま。また、大いに議論するさま。一方、たくさんの人が、口々にしゃべりまくるさまを「喧喧囂囂《けんけんごうごう》」というが、両者が混同され、「けんけんがくがく」と誤用されることが多い。

＊「喧喧囂囂」「喧」は、口々にしゃべるという意味。「囂」は、がやがやと騒がしいという意。「喧喧囂囂」は、大勢の人が勝手にしゃべりたてて、がやがやと騒がしいようす。

## 【かんこつだったい】

**その小説は、古典を換骨奪胎したものだ。**

「換骨奪胎」とは、もとは、骨を取り換え、胎盤を奪い、生まれ変わらせるという意で、修行して根本から仙人に生まれ変わるという道家の言葉だった。転じて、詩文の創作法として、古人の詩文の発想・形式などを取り入れながら、創意を加えて、自分独自の作品を作り上げることをいうようになった。出典は『冷斎夜話《れいさいやわ》』。単なる「模倣」や「盗作」といった意味で使うのは誤りだが、現在では、その意味で使うことも許容されている。

## 【かんこどり】

**観光客が絶え、街には閑古鳥が鳴いている。**

「閑古鳥」は、郭公《かっこう》のこと。日本の古語に呼子鳥《よぶこどり》・喚子鳥《かんこどり》という季語があるが、これはカッコウやウグイスなどの鳥を指す。カッコウの鳴き声が、当時の人に物寂しいと感じさせたことから、喚子鳥が転じ、閑古鳥となったという。「閑古鳥が鳴く」とは、人のいない山里でカッコウの鳴き声がもの悲しく聞こえるさまから、人が集まらずものさびしいようす。特に商売などがはやらず、さびれているようすをいう。

## 【かん、はつを入れず】

**質問に、間髪を入れず答えた。**

「間髪を入れず」とは、間に髪の毛一本さえも入れるすきまがないということから、少しの時間も置かないさま。転じて、ある事態が生じたとき、間をあけることなく、すかさずそれに応じた行動に出るさま。即座に。すぐさまの意。読みは、「かん、はつを入れず」と区切るのが正しい。「かんはつを、入れず」と区切ったり、「かんぱつを、入れず」「かんぱつ、入れず」と半濁音にするのは誤り。

## 【かんわきゅうだい】

**閑話休題、実は、ご相談したいことがあります。**

「閑話」は、むだばなし。「休題」は、それまでの話題を中止すること。「閑話休題」とは、話を脇道から本筋に戻すとき、または本題に入るときに用いる言葉。接続詞的に用いる。「むだな話はさておいて」「それはさておき」本題に入りますという意味で使う。一方、「ここからは余談ですが」「話は変わって」と、本筋から脇道に入るために使用する人がいるが、これは誤用。

正しい読みを答えなさい。

□ 今日は、忌憚のない意見を聞かせてほしい。

□ 不用意な一言で、社長の逆鱗にふれた。

□ 清水の舞台から飛び降りる思いで起業した。

□ 新商品で乾坤一擲の大勝負に出た。

□ 文章を書くときには、句読点にも注意を払おう。

□ 仕事が好調な時ほど、好事魔多しだよ。

## 【きたんのない】

**今日は、忌憚のない意見を聞かせてほしい。**

「忌」は、いまわしいこと、いやなこととして避ける、という意。「憚」は、ためらう、えんりょする、という意味。「忌憚」とは、はばかり、遠慮すること。一般的に、下に否定の語を伴って用いる。「忌憚のない」とは、何もはばかることなく、あるいは遠慮することなくという意味だが、遠慮の度合いが強いので、会議や文書などで、相手への謙虚な姿勢を示す慣用句としてよく使われる。

## 【きよみずのぶたい】

**清水の舞台から飛び降りる思いで起業した。**

「清水の舞台」は、京都清水寺の本堂の前の高い崖に張り出して作られた舞台のこと。江戸時代、そこから願《かん》をかけ飛び降りると命は助かり願いが叶うといわれ、身を投げる者が絶えなかった。そのさまは、浮世絵にも描かれ、なかでも鈴木春信の「清水の舞台より飛ぶ美人」は有名である。転じて、危険を顧みず、思い切って実行することの例えとなった。「清水」は固有名詞なので「きよみず」と読む。京焼の「清水焼」も同様。

鈴木春信・作

＊『清水寺成就院日記』によると、江戸時代、累計234人が飛び降り、死者は34人だったという。飛び降りの風習は、明治5年に京都府が禁止令を出して、次第に沈静化した。

## 【くとうてん】

**文章を書くときには、句読点にも注意を払おう。**

「句読点」とは、句点《くてん》（。）と読点《とうてん》（、）のことで、文章を読みやすくし、正確な理解を助けるため、文の切れ目や文中の意味の切れ目などに添える符号。昔の日本の文章にはなかったが、印刷物の普及とともに必要性が高まり、明治三十九年に、初めて基準が公的に示された（「句読法案（句読点法案）」文部省大臣官房圖書課）。しかし、句読点の使い方（句読法）は、いまだ確立していなく、種々の方式が提唱されている。

## 【げきりんにふれる】

**不用意な一言で、社長の逆鱗にふれた。**

「逆鱗」とは、竜のあごの下に一枚だけ逆さまに生えている鱗《うろこ》（逆鱗）のこと。出典は『韓非子《かんびし》・説難《せつなん》』。「然《しか》れども其《そ》の喉下《こうか》に逆鱗《げきりん》の径尺《けいしゃく》なる有り、若《も》し人之に嬰《ふ》るる者有らば、則ち必ず人を殺す」。この逆鱗に触れると、普段はおとなしい竜（天子の象徴）が激怒して、触れた者を必ず殺すという伝説から、天子の怒りを買うことを「逆鱗に触れる」と言うようになった。転じて、目上の人に逆らって激しい怒りを買うこと。なお、目下の人を怒らせた場合には使わない。

＊このほか、ナカテン（・）、カギ（「　」）、疑問符（?）、さらに、〈つなぎ〉（＝）、〈つなぎてん〉（-）など、文章を書き表すときに用いる各種の補助符号を含めていう場合もある。

## 【けんこんいってき】

**新商品で乾坤一擲の大勝負に出た。**

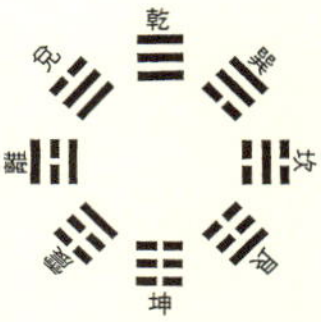


中国の宇宙観を表す八卦図

「乾《けん》」は「天」、「坤《こん》」は「地」、「乾坤」で「天地」の意味。「一擲《いってき》」は、サイコロを投げること。「乾坤一擲」とは、運を天に任せ、一世一代の大勝負に出ること。「一擲乾坤」ともいう。韓愈《かんゆ》が、漢楚の戦いを偲んで作った詩「鴻溝《こうこう》を過《す》ぐ」に基づく。「龍疲れ虎困《くる》しみて川原《せんげん》を割《さ》く、億万の蒼生《そうせい》性命存す。誰か君王に勧めて馬首を回《かえ》さしむ。真成《しんせい》に一擲乾坤《いってきけんこん》を賭《と》す」。「鴻溝」は、河南省開封の西方を流れる河で、項羽と劉邦が休戦した折の境界線。以西を劉邦の漢、以東を項羽の楚とした。

## 【こうじまおおし】

**仕事が好調な時ほど、好事魔多しだよ。**

「好事」は、よいこと、幸せな状況。「魔」は、邪魔もの、障害となるもの。「好事魔多し」とは、良いことには邪魔が入りやすいものだから、有頂天にならず、よくよく身を律しなければならない、という戒めの慣用句。中国元末明初の長編戯曲で、南曲《なんきょく》の最高傑作といわれる。『琵琶記《びわき》・幾言諫父《いくげんかんぷ》』による。「好事魔を生ず」ともいう。なお、「好事魔、多し」ではなく「好事、魔、多し」と読む。

＊『琵琶記』は、高明作。後漢の頃、蔡邕が科挙のため上京する。残された妻は悲惨な境遇に陥ったが、琵琶を弾き物乞いしながら遠い都へ旅をし、夫と再会するという物語。

正しい読みを答えなさい。

□ 歳末商戦では、他社の**後塵を拝する**結果となった。

□ 内職をして**糊口を凌いで**います。

□ 首相は、担当大臣を**更迭**した。

□ この度はまことに**ご愁傷様**でした。

□ 劇場の**柿落とし**には大勢の観客が詰めかけた。

□ 古い手紙を**後生大事**にしまっている。

## 【こうじんをはいす】

**歳末商戦では、他社の後塵を拝する結果となった。**

「後塵」は、人や車馬が通り過ぎた後に舞い上がる土埃《つちぼこ》りのこと。「拝する」は、ありがたく頂戴するという意。「後塵を拝する」とは、もとは権力者に媚《こ》びへつらう取り巻き連中を揶揄《やゆ》した表現だった。（出典『晋書《しんしょ》・石崇伝《せきすうでん》』）。後に、車馬が通り過ぎるのを土埃りを浴びて見送る意から、人に先を越されて遅れをとることをいうようになった。なお、「後塵」を「黄塵」（空が黄色く見えるほどの激しい土ぼこり）と書くのは誤り。

## 【こうてつ】

**首相は、担当大臣を更迭した。**

「更」は、新しいものと入れかわること。「迭」は、抜けて他のものとかわること。「更迭」とは、政界や中央省庁で使われる人事用語で、ある地位・役目にある人を他の人と代えること。地位や役職を剥奪《はくだつ》し、後任を置くこと。よく似た語に、「解任」と「罷免《ひめん》」がある。「更迭」が前任者と後任者を入れ替えることに重点を置くのに対し、「解任」と「罷免」は、後任を誰にするのかということより、その人の職を解くことに重点が置かれた言葉である。

＊「後塵を拝する」　「広城君（こうじょうくん）出ずる毎（ごと）に、崇（すう）車路の左に降り、塵を望みて拝す。其の卑佞（ひねい）なること此（かく）の如し」（『晋書・石崇伝』より）

## 【こけらおとし】

### 劇場の柿落としには大勢の観客が詰めかけた。

「柿《こけら》」は、材木を削った時に出る切り屑《くず》や木っ端《こぱ》のこと。「柿落とし」とは、新築や改装工事の最後に、屋根などの「こけら」をきれいに払い落としたことから、転じて、新築または改築された劇場などで、工事の完成を祝って行われる最初の興行を意味するようになった。なお、「柿」は、「柿」と似ているが別字。「柿《かき》」の旁《つくり》は鍋蓋《なべぶた》に「巾」、「柿《こけら》」は旁の縦棒が一本で貫かれており鍋蓋ではない。画数も一画少ない。

柿　柿
かき　こけら

## 【ここうをしのぐ】

### 内職をして糊口を凌いでいます。

「糊」は「粥《かゆ》」のこと。「糊口」は、「口を糊《のり》する」と訓読し、粥を口にする意で、ほそぼそとした暮らしを表す。「糊口を凌ぐ」とは、やっと食べていけるような貧しい生活を送ること。粥は、炊いた米や雑穀を水で煮た食べ物で、水を含んで増量するので、穀類を節約するのに適している。そんな粥を常食にして、やっと苦境を切り抜けているということ。逆に生計の方策がなくなることは「糊口の道を絶たれる」という。

＊「糊」が「粥」を表すのは、飯粒を水で溶いて軟らかくした粥状のものを、以前は実際に紙などの接着剤として使っていたことに由来する。

## 【ごしゅうしょうさま】

**この度はまことにご愁傷様でした。**

「愁傷」は、嘆き悲しむこと。二葉亭四迷の『浮雲』に、「生き残った妻子の愁傷は実に比喩を取るに言葉もなくばかり」とある。「ご愁傷様」とは、葬儀において、参列者が遺族にかけるお悔やみの常套句《じょうとうく》。「さぞお嘆き悲しんでおられることでしょう、お気の毒です」といったような意味を込めた挨拶。非日常的な言葉であるがゆえに、無難な言葉として使われる。なお、葬儀で遺族を元気づけようとして、「元気を出してください」などと言うのは禁句とされている。

## 【ごしょうだいじ】

**古い手紙を後生大事にしまっている。**

「後生」は、仏教語で、死んで後の世に生まれ変わること。来世のこと。また、来世で極楽《ごくらく》に生まれ変わること。「大事」は、価値あるものとして注意深く大切に扱うさま。「大事な品」「親を大事にする」などと使う。「後生大事」とは、もとは、来世の安楽を願って、ひたすら善行を積んで仏道に励むこと。後世の安楽を第一に考えること。転じて、非常に大切なものとして大事にすること。一般的に、その行為を揶揄《やゆ》して使われることが多い。

正しい読みを答えなさい。

□ そんな**姑息**な方法では、問題は解決しないよ。

□ A社は、ライバル社の副社長を**三顧の礼**で迎えた。

□ 本日は、遠路**ご足労**いただきありがとうございます。

□ ここで**暫時**休憩しよう。

□ 課長は、地方支社に**左遷**された。

□ ご無沙汰続きで、**敷居が高く**なってしまった。

# 【こそく】

**そんな姑息《こそく》な方法では、問題は解決しないよ。**

「姑」は、「姑《しば》らく」と訓読し、しばらく、ひとまずの意。「息」は、休息のこと。「姑息」とは、しばらくの間、静かに休むことから、根本的な解決をしないで、その場限りの間に合わせをする意味になった。「その場凌ぎの間に合わせ」の意から、姑息を、「卑怯《ひきょう》」や「ずる賢い」意味で用いられることが多々あるが、そのような意味はなく誤用である。『礼記《らいき》・檀弓上《だんきゅう》』の孔子《こうし》の門人曽子《そうし》の言葉「君子の人を愛するや徳を以《も》ってす。細人《さいじん》の人を愛するや姑息を以ってす」に由来。

# 【ごそくろう】

**本日は、遠路ご足労いただきありがとうございます。**

「足労」は、足をわずらわせること。つまり、歩くこと、行くことという意味。また、「わざわざ出向く」という意味を含んでいる。「御足労」とは、「足労」に丁寧語の「御」を付けた言葉で、相手を敬って、その人がわざわざ出向くことをいう。出迎えの挨拶やお礼状の挨拶文にしばしば使われる。なお、その場合に付けられる「遠路」という言葉にも、距離の遠近は関係なく、相手を思いやる気持が、込められている。

＊「姑息」　君子は、「徳」をもって人を愛するのに対して、ふつうの人は、「姑息」すなわち、その場しのぎや一時しのぎ的なもので人を愛すという意。

## 【させん】

**課長は、地方支社に左遷された。**

「遷」は、元の場所や地位から離れ、別の場所へ移ること。「遷都《せんと》」「孟母三遷《もうぼさんせん》」などと使う。「左遷」とは、官職の序列を右から左に遷《うつ》されること。即ち、前より低い地位や官職に落とすこと。「左降《さこう》」ともいう。左が低い地位を表すのは、中国の戦国時代に、右側を上位として尊んだことによる。語源は、『史記・韓信《かんしん》・盧綰《ろわん》列伝《れつでん》』にある韓信が漢王に言った言葉に基づく。「項王《こうおう》は諸将を近地に王とす。而《し》して王は獨《ひと》り遠く此に居る。此れ左遷なり。…」。

## 【さんこのれい】

**A社は、ライバル社の副社長を三顧の礼で迎えた。**

「三顧」は、三度訪ねること。「三顧の礼」とは、中国の故事から生まれた成句で、真心から礼儀を尽くして、優れた人材を招くこと。また、目上の人が、ある人物を信任して手厚く迎えること。中国三国時代、蜀《しょく》の劉備《りゅうび》が、侘《わ》び住まいの諸葛亮《しょかつりょう》孔明《こうめい》を訪ねたが、なかなか会えず、三度目にやっと面会でき、軍師として迎えることができたという故事から。（出典『諸葛亮《しょかつりょう》・前出師表《ぜんすいしのひょう》』）。なお、一顧《いっこ》は、振り返ってみること。四顧《しこ》は、あたりを振りむいて見ること。四方を見回すこと。

＊「孟母三遷」は、孟子の母親が、子供の教育には、よい環境を選ぶことが大切だということで、三回転居をしたという故事。前漢の歴史書『烈女伝』に基づく成語。

## 【ざんじ】

**ここで暫時休憩しよう。**

「暫」は、わずかな時間のこと。訓読みは「しばらく」。「暫定《ざんてい》」は、正式に決定されるまで、仮の措置として取りあえずきめること。「暫定予算」などと使う。「暫時」とは、少しの間。しばらく。副詞的にも用いる。よく似て、間違えやすい言葉に「漸次」がある。これは「ぜんじ」と読み、時間の推移とともに変化するさま。だんだん。しだいになどの意。「漸時」と書くのは誤り。また、「漸」のつく熟語は、「漸減《ぜんげん》」「漸進《ぜんしん》」などある。

## 【しきい】

**ご無沙汰続きで、敷居が高くなってしまった。**

「敷居」は、日本家屋で、部屋を区切るため、襖《ふすま》や障子《しょうじ》などを取り付けるための溝がついた下部の横木。上部の鴨居《かもい》と対になっている。「敷居が高い」とは、不義理をしたり、迷惑をかけたりしているため、相手の家の敷居が高く感じられ、その人の家に行きにくいこと。「(ホテルや店が)高級すぎて敷居が高い」などのように、「ハードルが高い」「レベルが高い」の意で使うのは、誤用。

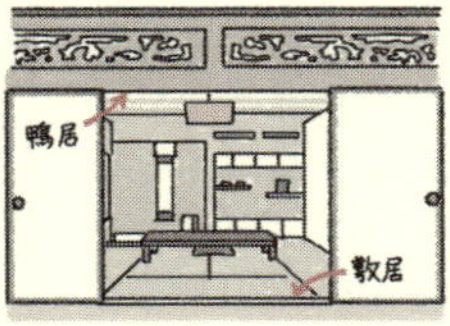

正しい読みを答えなさい。

□ 彼は、あの作家に**私淑**している。

□ 残念ながら我社の会議は、**上意下達**の場になっている。

□ あの和菓子屋は、町一番の**老舗**だ。

□ **親展**のスタンプが押された手紙が届いた。

□ 事業は、**順風満帆**です。

□ B社の新型車は、**垂涎の的**だ。

## 【ししゅく】

**彼は、あの作家に私淑している。**

「私」は、ひそか。「淑」は、よいと思い、慕うこと。「私淑」とは、私《ひそ》かに淑《よ》いと思って、慕《した》うという意。直接に教えを受けるのではなく、ひそかに師と仰いで著書などを通してその学問や人格に学ぶこと。出典は、『孟子《もうし》・離婁下《りろうげ》』。「子は私《ひそ》かにこれを人よりうけて淑《よし》とするなり」。なお、直接指導を受けたことのある人に対して用いるのは誤り。また、直接親しく教えを受ける場合は「親炙《しんしゃ》」という。「しんせき」とも読み、これも『孟子』が語源である。

## 【しにせ】

**あの和菓子屋は、町一番の老舗だ。**

「老舗」は、昔から続く伝統や格式や信用のある由緒正しい名店。「しにせ」は、動詞「仕似《しに》す」が語源。似せる、真似《まね》するという意味で、創業者のやり方を親から子へと代々真似ていくこと。これが、江戸時代に、家業を絶やさず守り続ける意味となり、さらに、長年の商売で信用を得て資産を作るという意味になった。やがて、「しにす」の連用形「しにせる」が名詞化され、「しにせ」となった。なお、「老舗」は当字《あてじ》。「ろうほ」と音読してもいい。

## 【じゅんぷうまんぱん】

**事業は、順風満帆です。**

「順風」は、船の進む方向に吹く風。追い風のこと。「満帆」は、帆をいっぱいに張ること。「順風満帆」とは、いっぱいに張った帆に強い追い風を受けて、船が快調に進むさま。転じて、物事が順調に進むこと。「帆」を「ハン」と読むのは漢音。帆船の帆に使う丈夫な布は「帆布《はんぷ》」という。「ほ」と読むのは訓読み。同義語に、「帆に順風を孕《はら》む」がある。順風の対義語は「逆風」、「逆風にさらされる」。また、風がまったくない状態は「凪《なぎ》」。逆風も凪も昔の帆船には難敵だった。

## 【じょういかたつ】

**残念ながら我社の会議は、上意下達の場になっている。**

「上意」は、上の者の意志や命令。昔の武家社会では、主君の命令を指し、絶対的なものだった。「上意討ち」は、主君の命令を受け罪人を討つこと。「下達」は、上の者の意思を下の者に伝えること。「上意下達」とは、上の者の命令や意志が下の物に伝えられること。「じょういげたつ」と読んではいけない。対義語は、「下意上達」で、下の者の気持などが、上の者によく通じること。社員間の風通しのいい会社などを「下意上達の組織」などという。

## 【しんてん】

**親展のスタンプが押された手紙が届いた。**

「親」は自ら、「展」は開けるという意味。「親展」とは、手紙で、宛名の人が自分で封を切って読んでほしいという意味で使う語。宛名本人のプライバシーに関わる書面や資料を送る際に用いる。「親展」にする手紙は、宛名本人以外の者に読まれないよう、封筒などに入れて厳封し、宛名のやや下に「親展」の外脇付《そとわきづけ》を朱書きする。外脇付は、手紙の内容や添付資料の説明を行うためのもので、「親展」と同じものに、「親披《しんぴ》」「直披《ちょくひ》」がある。急ぎの場合は、「至急」「急信」などを用いる。

## 【すいぜんのまと】

**B社の新型車は、垂涎の的だ。**

「涎」は、無意識に口の外へ流れ出る唾液。「ゼン」は古い音の呉音。訓読みは「よだれ」。「垂涎」は、涎を垂らすという意味で、涎を垂らすほど食べたい、欲しいという欲求のこと。「垂涎の的」とは、なんとしてでも手に入れたいと思うほどの貴重なもの。出典は、中国・前漢時代の思想家・文章家の賈誼《かぎ》の散文を集めた『賈誼新書《かぎしんしょ》』で、「一国これを聞く者、これを見る者、涎を垂れて相告げん」とあるのに基づく。

＊「外脇付」「申込書在中」「写真在中」などと書く「在中」も外脇付のひとつで、封書の中身が分かるので親切である。

正しい読みを答えなさい。

□ こんな杜撰な計画は、承認できない。

□ 部を代表して、転勤者に餞別を渡した。

□ 彼から、赤裸々な告白を受けた。

□ これで、貸し借りを相殺にしよう。

□ コンビニは、小売業界を席巻してしまった。

□ 海で、釣りの醍醐味を味わった。

## 【ずさん】

**こんな杜撰な計画は、承認できない。**

「杜」は、中国宋の詩人杜黙《ともく》のことで、「撰」は詩文を作ること。「撰述」（詩や文章を作ること）。「撰集」（詩文を選び編集すること）。「杜撰」とは、杜黙が作った詩が、律（詩の様式）に合わないものが多かったという故事に由来する説が有力。（出典『野客叢書《やかくそうしょ》・杜黙《ともく》』）。いい加減なさま。誤りが多い著作物を意味し、転じて、仕事のやり方などがぞんざいで、いい加減なこと。なお、「杜」については他の人物ではないかという説もある。

## 【せきらら】

**彼から、赤裸々な告白を受けた。**

「赤」は、「赤の他人」「赤貧」のように、まったくの、完全なという強調語。「赤《せき》裸《ら》」は、身に何もまとっていないこと。すっぱだか。まっぱだかのこと。「赤裸々」とは、「赤裸」を、さらに強めた言い方で、自分をさらけ出すこと、むき出しであること、また、その状態を意味する。転じて、包み隠しのないこと、さま。あからさまなこと。「赤裸々な描写」「赤裸々に暴く」などと使う。

＊『野客叢書・杜黙』には、「杜黙詩を為るに、多く律を合わず。故に事の格に合わざるものを言いて杜撰と為す」とある。

## 【せっけん】

**コンビニは、小売業界を席巻してしまった。**

「席」は、藁《わら》やい草で編んだ敷物の筵《むしろ》のこと。「席巻」とは、席（筵）を巻くように、片端《かたっぱし》から領土を攻め取ること。はげしい勢いで、自分の勢力範囲をひろげること。現代では、相手が占めているもの全般を奪い取るという意味で使われる。「市場を席巻する」、「太陽電池で世界を席巻する」など。出典は、前漢の史書『戦《せん》国策《ごくさく》・楚策《そさく》』。秦楚の戦の折、秦の使者・張儀が楚に秦軍の強さを説明した言葉による。「常山の険《けん》を席巻し、天下の脊《せき》を折《くじ》かば、天下後《おく》れて服す者は先ず亡《ま》びん」。

## 【せんべつ】

**部を代表して、転勤者に餞別を渡した。**

「餞」は、はなむけのこと。「餞別」とは、「別れのはなむけ」という意味で、旅立ちや新たな門出に際し、激励や祝福の気持ちを込めて、挨拶の言葉・金品・詩歌などを贈ること。なお、「はなむけ」は、遠方に旅立つ際、道中の安全を祈願し、馬の鼻先を行き先の方向に向けた「馬の鼻向け」がもと。「花向け」は誤字。また、これから去って行く人に送るもので、新たに来た人に対して使うのは誤り。「社長から新人に餞《はなむけ》の挨拶があります」などと使ってはいけない。

＊『戦国策』（劉向撰）　戦国時代の遊説の士の言説、国策、献策、その他の逸話を国別に編集し、まとめ上げた書物。全33篇。「戦国時代」という語はこの書に由来する。

## 【そうさい】

**これで、貸し借りを相殺にしよう。**

「相殺」とは、相反するものが互いに影響し合って、その効果や長所・利点などが差し引かれてなくなること。主に、商売などで使われ、貸し借り・損得などを差し引いて、互いに損得がないようにすること。帳消しにすること。「そうさい」と読むのが正しいが、「そうさつ」と読むこともできる。しかし、この場合は意味が変わり、「殺し合うこと」になる。

## 【だいごみ】

**海で、釣りの醍醐味を味わった**

「醍醐」は、牛や羊の乳を精製した濃厚で甘みのある液汁。仏教では乳を精製する過程の五段階を「五味」と言い、乳→酪《らく》→生酥《しょうそ》→熟酥《じゅくそ》→醍醐《だいご》で最上の味を持つ乳製品が得られるとされた。「醍醐味」とは、仏教語で「醍醐のような最上の教え」として仏陀《ぶっだ》の教法に例えられた。転じて、「本当の面白さ」「最高の味わい」や「神髄」を意味するようになった。ちなみに平安中期の延喜式には、醍醐の前段階の「蘇《そ》（酥）」の製造が規定されているが、延喜式を制定したのは、醍醐天皇である。

＊醍醐天皇の治世は、後世「延喜の治」として称えられたが、内実は、凶作、疫病、後継者の早世など不幸が相次いだ。これらは、左遷した菅原道真の怨霊と恐れられた。

正しい読みを答えなさい。

□ 反対するのなら、代替案を出してくれ。

□ せっかくの減税も物価が上がっては、朝三暮四だ。

□ この世に二人といない知己を得た。

□ 近所に、月極駐車場ができた。

□ 政界は、魑魅魍魎の世界だ。

□ 昨夜は、泥酔して記憶がない。

## 【だいたいあん】

**反対するのなら、代替案を出してくれ。**

「替」は、あるものを除き、別のものを置くこと。「タイ」と読むのは、古い漢字音の呉音。「交替」など。訓読みは「かえる」「かわる」。「代替」は、それに見合う他のもので代えること。代わり。「代替案」とは、すでに発表されている案に代わる案。会議などで、提案に対し、むやみに反対するのではなく、その提案の短所を補う提案をすること。「代替」を「だいがえ」と読む人がいるが、間違い。なお、「だいがえ」は「代替」の重箱読みで、原則として規範的読み方ではないとされる。

## 【ちき】

**この世に二人といない知己を得た。**

「己」を「キ」と読むのは、古い漢字音の呉音。「克己」。漢音は「コ」で、「自己」。「知己」とは、「己を知る人」ということ。知人、知り合いの意でも使われるが、その後、自分の本当の気持ちや考えをよく理解してくれる人、親友の意となった。出典は、『史記・刺客列伝』、「士は己を知る者のために死す」。本来は、己の埋もれた才能を知って厚遇してくれる主君という意味だった。

## 【ちみもうりょう】

**政界は、魑魅魍魎の世界だ。**

『百鬼夜講化物語』より

「魑魅《ちみ》」は、山林・沼沢の気から生じる山の化け物。「魍魎《もうりょう》」は、山水・木石の精気から出る水の化け物。「魑魅魍魎」とは、人に害を与える様々な化け物の総称。また、私欲のために悪だくみをする者の例え。出典は、『春秋左氏伝《しゅんじゅうさしでん》・宣公《せんこう》三年』で、「昔、夏《か》王朝の禹《う》が、人民を妖怪から護るために、あらかじめ妖怪の姿を鼎《かなえ》に刻んで、誰でも見分けられるようにしておいた。おかげで、人々は魑魅魍魎の害を避けることができた」とある。

## 【ちょうさんぼし】

**せっかくの減税も物価が上がっては、朝三暮四だ。**

「朝三暮四」とは、「朝三つ、夕方四つ」ということで、実質は変わらないのに、言葉を置き換えて相手を言いくるめること。言葉巧みに人を欺くこと。中国の『荘《そう》子《し》・斉物論《せいぶつろん》』や『列子《れっし》・黄帝《こうてい》』にみえる故事に由来する。宋の国の狙公《そこう》という猿好きの老人が、猿が増え過ぎて家計が苦しくなったため、猿のエサを減らそうと、猿に栃《とち》の実（ドングリ）を朝三つ、夕方四つ与えようとしたら猿が怒り出したので、朝四つ、夕方三つにしたところ猿は納得したという。

## 【つきぎめちゅうしゃじょう】

**近所に、月極駐車場ができた。**

「月極」とは、一か月を単位として契約などをきめること。正しくは「月極め」と「め」を付けるが、「月極」として略して使われるのが一般的。もともと「極」には、「決めること。きまり」という意味があり、明治時代には、「月極明細《つきぎめめいさい》」や「月極読《つきぎめどく》者《しゃ》」などの言葉があった。また、昭和初期の辞書の「きめ」や「きめる」という見出しには「極」が使われていた。「極」から「きめるの」意味が失われたのは、昭和二十一年に、当用漢字が内閣告示されたことによる。

## 【でいすい】

**昨夜は、泥酔して記憶がない。**

「泥酔」とは、正体がなくなるほど、ひどく酒に酔うこと。「泥」は、どろの意ではなく、骨がなく水から出るとぐにゃぐにゃになってしまう空想上の虫のこと。中国の『異物志《いぶつし》』に記述がある。その姿が、酒にひどく酔った状態に似ていることから、「泥酔」と言うようになった。杜甫《とほ》の詩にも「酔如泥《すいでいのごとし》」とあり、日本でも、酒に酔った状態を「泥の如し」といった例が、平安時代頃の書物に見られる。「みなひとの泥のごと酔ひて」（『宇津保物語』）。

正しい読みを答えなさい。

□ このポロシャツは、当店の**定番**です。

□ **手前味噌**で恐縮ですが、この度、昇進しました。

□ 逆転されそうだったが、**土壇場**で逃げ切った。

□ 社長の怒りようは、まさに**怒髪天を衝く**だ。

□ 子供のしつけを**等閑**にしている

□ **情けは人の為ならず**、人助けはするもんだ

## 【ていばん】

このポロシャツは、当店の**定番**です。

「定番」とは、主に小売業界、ファッション業界などで使われる用語で、流行や情勢にかかわらず安定した売り上げを確保できる商品のこと。流行に左右されない基本的な商品。台帳の商品番号（品番）が固定していることに由来する。転じて、当たり前となっていること、決まりきっていること全般を指すようになった。なお、「定盤」は誤字。「じょうばん」と読むと、常時番をしていること、また、その人。

## 【てまえみそ】

**手前味噌**で恐縮ですが、この度、昇進しました。

「手前」は、「自前」や「自家製」、また一人称の「自分」のこと。「味噌」は、かつては自家製で、家ごとに趣向をこらして造った味噌を互いに自慢し合ったという。「手前味噌」とは、自家製の味噌という意味だが、自分の作った味噌を独特の味があると自慢することから、自画自賛・自慢といった意味になった。講演会や挨拶などで、自分の業績や身内などを自慢するときに、嫌みに聞こえないよう、前ふりとして使われる。

## 【どたんば】

**逆転されそうだったが、土壇場で逃げ切った。**

刑死体の試し切り『徳川幕府刑事図譜』より

「壇」は、土を盛ったりして高くした祭りや儀式を行う所。「土壇場」とは、江戸時代、首切りの刑を行うために土を盛って築いた土の壇。刑を執行するとき罪人を土壇場に横たわらせたことから、斬首刑《ざんしゅけい》を行う場、刑場を意味した。その後、「刑場」の意味が転じて、どうにもならない場面や最後の決断を迫られる場面、切羽詰《せっぱつ》まった場面、進退きわまった状態の意となった。

## 【どはってんをつく】

**社長の怒りようは、まさに怒髪天を衝くだ。**

「怒髪天を衝く」とは、怒りのあまり髪の毛が逆立って天を突き刺すほどだ、という意味。激しく怒ったすさまじい形相《ぎょうそう》。「怒髪、天を衝く」と区切る。出典は『史記・藺相如伝《りんそうじょでん》』。趙《ちょう》の使者藺相如《りんそうじょ》が、秦の昭王の策略によって奪われそうになった趙の宝「和氏《わし》の璧《へき》」を激しい怒りの形相で守ったという故事に由来する。「相如《そうじょ》、因《よ》りて璧《へい》を持ち、却立《きゃくりつ》して柱に倚り、怒髪上《どはつあが》りて冠を衝《つ》く」。怒髪が冠を衝きあげる。怒髪冠を衝く、ともいう。

＊秦の昭王が、秦の城と趙の璧の交換を提案し、趙の藺相如が使者として交渉したという故事からは、他に「完璧」という成語が生まれている。（→P26）

## 【なおざりにする】

子供のしつけを**等閑にして**いる。

「等閑」は、「たいして気にとめない」が原義で、転じて、「本気でない」「おろそかにする」といった意味になった。「等閑にする」とは、ずっと無視して遠ざけておくという意味で、やるべきことがあるのに何も手を打たず、放っておくことをいう。いいかげんにして、なにもしないこと。また、そのさま。漢字「等閑《なおざり》」は当て字で、同義語の漢語「等閑《とうかん》」を後から当てたもの。なお「等閑」は、「等閑視」という漢語でよく使われる。「現状を等閑視した結果の大事故」。

## 【なさけはひとのためならず】

**情けは人の為ならず**、人助けはするもんだ。

「人の為ならず」は、「人の為なり」を、打ち消しの「ず」で否定しているので、「人の為ばかりではない」の意味となる。「情けは人の為ならず」とは、人に情けをかけるのは、その人の為になるばかりでなく、やがては巡りめぐって自分に返ってくるという意。人には親切にしておくものだという教え。情をかけることは、かえってその人の為にならない、と解釈するのは誤り。

＊よく似た言葉の「御座成り」と混用されるが、「御座成り」は、いい加減でも、「何かする」。一方、「なおざり」はいい加減で、かつ「何もしない」。

正しい読みを答えなさい。

□ 何度、メールしても**梨の礫**だ。

□ 今度のプロジェクトは、**破天荒**の試みだ。

□ 事業に失敗し、**奈落の底**に落ちた。

□ 地図帳の**凡例**に目を通す。

□ 今回のコンペでは、C社の提案が、**白眉**だ。

□ あの政治家は、**晩節**を汚してしまった。

## 【なしのつぶて】

**何度、メールしても梨の礫だ。**

「つぶて（礫）」は、投げる小石の意味。音読みは、漢音で「レキ」。「礫岩《れきがん》」「瓦《が》礫《れき》」。投げた小石は返ってこないことから、礫のように、まったく音沙汰《おとさた》がないことを「無しの礫」と言うようになった。「梨の礫」とは、連絡をしても返事のないこと。便りのないこと。「梨」は「無し」に掛けた語呂合わせだが、「無しの礫」では、投げるものが何もないので、形のある「梨」となった。ちなみに「無しの礫」と書くと誤字になる。

## 【ならくのそこ】

**事業に失敗し、奈落の底に落ちた。**

「奈落」は、サンスクリット語narakaの音写語「奈落迦《ならか》」が、転訛《てんか》した語。本来は仏教語で、地獄や地獄に落ちることを意味したが、転じて、抜け出すことのできない、どうにもならない状態をいうようになった。「奈落の底」は、どん底を強調する意味で、さらに「底」が付けられたもの。また、日本の劇場の舞台の下や歌舞伎の花道《はなみち》の床下の空間も「奈落」といい、廻し舞台や迫り出しの装置があるほか、俳優が行き来する通路でもある。

## 【はくび】

**今回のコンペでは、C社の提案が、白眉だ。**

「白眉」は、文字どおり白い眉のこと。大勢の中で最も傑出《けっしゅつ》した者。兄弟の中で最も優れている者を指す。三国時代、蜀《しょく》の馬《ば》氏には五人の息子がいたが、みな秀才だった。なかでも、眉に白毛のある長兄の馬良《ばりょう》が最も優れていた。このことから、多くの中で最も優れた人物を「白眉」というようになったという中国の故事に由来する（『蜀書《しょくしょ》・馬良伝《ばりょうでん》』）。馬良は長じて、劉備《りゅうび》に仕え、文官として活躍したが、劉備が呉に敗れると、馬良も殺された。

## 【はてんこう】

**今度のプロジェクトは、破天荒の試みだ。**

「天荒」は、未開の荒れ地のこと。「破天荒」とは、天荒を破るという意で、今まで誰もできなかったことを成し遂げること。同義語は「前代未聞《ぜんだいみもん》」「未曽有《みぞうう》」など。出典は、中国『北夢瑣言《ほくぼうさげん》』。科挙の合格者がひとりも出なかった荊州《けいしゅう》は、人々から長らく「天荒」といわれていた。その後、劉蛻《りゅうぜい》が初めて合格して「天荒を破った」といわれたという故事が由来。多くの人が誤用している「豪快で大胆不敵なようす」を表す言葉ではない。

＊「白眉」　馬氏の五人の息子の字（あざな）は、いずれも「常」を用いた。それにより「馬氏の五常、白眉もっとも良し」といわれた。

## 【はんれい】

**地図帳の凡例に目を通す。**

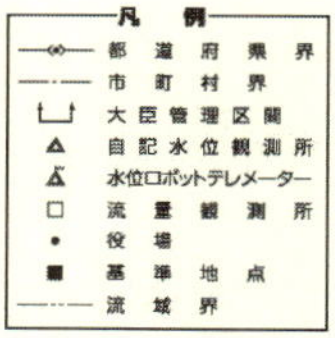


「凡例」とは、およその決まり。書物の冒頭で、編集目的・方針・使い方などを、例をあげて箇条書きにまとめて記したもの。地図帳などでは、記号や色分けの意味・規則などを示したもの。「凡」の音には、呉音の「ボン」と漢音の「ハン」があるが、「ハン」と読む熟語はほとんどなく、使われるのは「凡例」くらいである。「ボンレイ」と読むのは誤用。なお、「ボン」と読む熟語には、「平凡」「凡人」「凡《ぼん》庸《よう》」などがある。

## 【ばんせつをけがす】

**あの政治家は、晩節を汚してしまった。**

「晩節」は、人生の終末期のこと。晩年。「晩節を汚す」とは、それまでの人生で高い評価を得てきた人が、晩年にそれまでの評価を覆《くつがえ》すような行いをして、名誉を失うこと。また、「晩節」には、晩年の節操という意味もある。「晩節を全うする」などと使う。幕末の思想家吉田松陰《よしだしょういん》に、次の言葉がある。「人は晩節を全うするに非《あら》ざれば、何程《なにほど》才智学芸ありと雖《いえど》も、亦《また》何ぞ尊ぶに足らんや」。

正しい読みを答えなさい。

□ 仏教で、**彼岸**は、あの世のことである。

□ 今夜は**無礼講**だ。大いに楽しもう。

□ 地域の歴史を**紐解く**のは面白い。

□ **粉骨砕身**、精一杯頑張ります。

□ 市長の発言は、市民の**顰蹙**を買ってしまった。

□ 彼の**傍若無人**の振る舞いには、腹が立った。

## 【ひがん】

**仏教で、彼岸は、あの世のことである。**

「彼岸」は、仏教語。サンスクリット語で「パーラム」。煩悩《ぼんのう》を解脱《げだつ》した涅槃《ねはん》の境地、理想の境地。釈迦《しゃか》の説いた「彼岸に渡れ」は、サンスクリット語で「パーラミター」。『般若心経《はんにゃしんきょう》』の一節「波羅蜜多《はらみった》」のことである。「彼岸」に対する「此岸《しがん》」は、欲や煩悩にまみれた世界。様々な苦悩に堪え忍ばねばならないこの世を、サンスクリット語では「サハー」という。これを「娑婆《しゃば》」と漢訳したのが、俗語「しゃば」の原義である。

## 【ひもとく】

**地域の歴史を紐解くのは面白い。**

「紐解く」とは、書物をまとめて入れている帙《ちつ》の紐、巻物の紐を解くという意。転じて、書物を開くこと、読書をすることの意となった。また、歴史を調べて明らかにすることや歴史をたどることなどにも使われ「史書を紐解く」、「歴史を紐解く」などと使われる。なお、帙は、和本などの書物を保護するために、周囲をぐるりと包んだ厚紙の覆《おお》いのこと。厚紙を芯にして、丈夫な紙や布を貼り付けたもので、紐で閉じる。

書物を保護する帙

＊帙（ちつ）　和本の装丁方法のひとつ。同じ著者の複数の本や同じ傾向の本をひとまとめにして、散逸を防ぎ、また損傷から守るために考案された。

## 【ひんしゅく】

**市長の発言は、市民の顰蹙を買ってしまった。**

「顰《ひん》」は、顔をしかめる、眉をひそめるという意味。「顰《しか》めっ面」。「蹙《しゅく》」は顔や額にしわをよせるという意味。「顰蹙」は、顔をしかめることや眉をひそめるさまをいう。「顰蹙を買う」とは、良識に反する言動が相手に不快の念を起こさせ、非難・軽蔑の的になること。なお、「買う」は、「恨みを買う」「反感を買う」と同様に、自分の言動がもとになって、好ましくないことを身に負うこと。自分の身に招くことをいう。「顰蹙を買われる」と、受け身の形で使うのは誤り。

## 【ぶれいこう】

**今夜は無礼講だ。大いに楽しもう。**

「無礼講」は、「礼講《れいこう》」と区別するために作られた言葉で、「無礼・講」ではなく、「無・礼講」である。「礼講」とは、儀礼に従って行われる宴席のこと。そのような堅苦しい儀礼がない宴席を「無礼講」といった。特に、会社や役所等の組織で催される「無礼講」は、役職・地位の上下などを意識しないで行う宴会という意だが、無礼な行為が許されるという意味ではないので、注意が必要である。

## 【ふんこつさいしん】

**粉骨砕身、精一杯頑張ります。**

「粉骨砕身」とは、骨を削って、身を砕《くだ》くほど努力するという意味から、力の限りを出しきって事に当たることの例え。また、骨身《ほねみ》を惜しまず一生懸命に働くことの例え。出典は、唐代中期の伝奇小説『霍小玉伝《かくしょうぎょくでん》』（蔣防《しょうぼう》・作）。但し、この物語で用いられている「粉骨砕身」は、現代使われている意味とは異なる。主人公李益《りえき》が、小玉《しょうぎょく》という妓女と恋に落ち交わす言葉がそれである。「たとえこの身が粉骨砕身になろうとも、そなたのことを見捨てるものか」。

## 【ぼうじゃくぶじん】

**彼の傍若無人の振る舞いには、腹が立った。**

「傍若無人」とは、「傍《かたわ》らに人無《な》きが若《ごと》し」と訓読する。転じて、他人を無視して、勝手で無遠慮な言動をするようす。出典は『史記・刺客伝《しかくでん》』。秦の時代、後に始皇帝暗殺をはかる刺客の荊軻《けいか》は筑の名手高漸離《こうぜんり》と意気投合し、毎日酒を飲んでは、燕《えん》の街へ繰り出し、楽器を打ち鳴らし、歌い、騒ぎわめいて、まるで傍に人がいないかのような振る舞いをして暮らしていたという故事がもと。類義語には、「眼中無人」「勝手気儘」などがある。

＊「粉骨砕身」　利益は小玉と恋仲になったが、任官して帰郷すると母親の言に従い結婚をする。捨てられた小玉は病に倒れ、利益の薄情を恨みながら世を去る。

正しい読みを答えなさい。

□ あの男は、法螺を吹くことで有名だ。

□ どうやら、その話は眉唾物だね。

□ 私は若いころから蒲柳の質だった。

□ あの男の顔を見ると虫唾が走る。

□ 祖父の末期の水を取った。

□ 店頭には、人気商品が目白押しだ。

## 【ほらをふく】

**あの男は、法螺を吹くことで有名だ。**

法螺

「法」は、仏法。「螺《ら》」は、巻貝。「法螺」は、梵語でŚan'kaといい、仏法を説きひろめる螺という意で、吹き鳴らして諸神を呼ぶための法具。釈迦の説法が、遠く響くことの例えでもある。「法螺を吹く」とは、「法螺」を吹き鳴らして人々を集めること。想像以上に大きな音が出ることから、転じて、大言をはく、また、大げさなうそを言う意となった。

## 【ほりゅうのしつ】

**私は若いころから蒲柳の質だった。**

「蒲柳」は、かわやなぎの異称で、秋が近づくと早々に枯れて葉を落とす。そこから、幼少のころから体質が弱いさまを「蒲柳の質」という。中国の『世説新語《せせつしんご》・言語』にある「蒲柳《ほりゅう》の姿は秋を望んで落ち、松柏《しょうはく》の質は霜を凌いで猶《なお》茂る」が出典。「蒲柳のたち」とは読まない。「たち」は訓読み。「シツ」は漢音で、人などの内面に隠れているものの意がある。「天賦《てんぷ》の質《しつ》に恵まれる」などとも使われる。

## 【まつご】

### 祖父の**末期の水**を取った。

「末期」は、「まつご」と読むと、命の終わる時期。死に際《ぎわ》。臨終の意となる。「末期の水」とは、人の死に際に口を浸す水。「死《し》に水《みず》」ともいい、死に際や亡くなった直後に人生最後の水を含ませること。転じて、臨終まで看病すること。釈迦が臨終の際に、水が飲みたいと弟子に言ったところ、弟子が釈迦の口に浄水を捧げたという伝説から、最後の供養として定着した。なお、「まっき」と読むと、終わりの時期。末の時期。

## 【まゆつば】

### どうやら、その話は**眉唾物**だね。

「眉唾」とは、騙《だま》されないよう用心すること。「眉唾物」の略で、真偽《しんぎ》の確かでないもの。信用できないもの。昔、狐《きつね》や狸《たぬき》が人を化かすと信じられていた頃、眉に唾をつければ、狐や狸などに化かされないという俗信から生まれた言葉。江戸時代には「眉に唾をつける」や「眉に唾を塗る」などと言っていたが、明治時代に入り、「眉唾物」や「眉唾」という言い方になった。

## 【むしず】

**あの男の顔を見ると虫唾が走る。**

「虫唾《むし》」は、胸がむかむかした時に胃から口に出てくる酸っぱい液のこと。「虫酸《ず》」とも書き、胃酸過多で出る胃液のこと。「走る」は、口に出てくること。「虫唾が走る」とは、虫唾が口に出てくるほど不快でたまらないこと。「虫唾」の語源には、胃の中にいる寄生虫が出す唾液と考えた「虫の唾」とする説と、寄生虫による酸っぱい液なので「虫の酸」とする説がある。

## 【めじろおし】

**店頭には、人気商品が目白押しだ。**

「目白《めじろ》」は、小鳥のメジロのこと。「目白押し」とは、メジロの習性から生まれた言葉で、多くのものが混み合って並ぶこと。人が混み合って押し合うこと。メジロは、睡眠時に、群れ全体でかたまりとなって枝にとまる習性があり、それを「目白の押し合い」といった。そこから、子供が縁側《えんがわ》に並び、押し合って端《はし》の者を順々に押し出す遊びを「目白押し」と言うようになり、現在の意味に転じた。

正しい読みを答えなさい。

□ あの二人も、ようやく**元の鞘**に収まった。

□ そのDVDには、**廉価版**があります。

□ その役目を引き受けることは**吝か**ではありません。

□ 株価の暴落で、投資家は**狼狽**した。

□ 彼女は、遅刻常習者の**烙印**を押された。

□ **老婆心**ながら、申し上げます。

## 【もとのさやにおさまる】

**あの二人も、ようやく元の鞘に収まった。**

「鞘《さや》」は、刀や剣などの刀身の部分を収めておく筒のことで、抜かれた刀が本来収まるべき場所。「元の鞘に収まる」とは、別の鞘に入っていた刀が、以前の鞘に戻ることで、主に男女関係において、別れたり、別の男女と付き合っていたり、関係がぎくしゃくしていた二人が、再び仲良く付き合い始めることをいう。昔、生活に困窮した浪人が、刀身を売って、鞘に竹の刀身（竹光《たけみつ》）を入れて、刀を持っているふりをしたことから生まれた語。

## 【やぶさかではない】

**その役目を引き受けることは吝かではありません。**

「吝」は、音読みで「リン」。「吝嗇《りんしょく》」。訓読みの「吝《やぶさ》か」は、物惜しみするさま。けちなさま。気が進まない、あまりやりたくないといった後ろ向きな気持ちを示す。これを「吝かではない」と、全否定することで、「やりたくないわけでない」→「やってもよい」、あるいは、むしろ、「やりたい」→「喜んでする」といった肯定的・積極的な意味になり、その姿勢を婉曲的《えんきょくてき》に示したもの。これを「仕方なくする」という意味で用いる人がいるが、誤用である。

＊「やぶさか」　平安時代の言葉で、物惜しみする意味の動詞「やふさがる」、けちである意味の形容詞「やふさし」と同源と考えられている。

## 【らくいんをおす】

**彼女は、遅刻常習者の烙印を押された。**

「烙《らく》」は、火であぶる。焼くこと。「烙印」は、火で焼いて物に押し当て、印をつけるための金属製の印。また、その跡。昔、刑罰として罪人の額などに押して、犯罪者であることの印にした。火印。「烙印を押す」とは、消し去ることのできない汚名を受けること。また、周囲からそういうものとして決めつけられること。多くの場合、よくない意味で使われる。

## 【れんかばん】

**そのＤＶＤには、廉価版があります。**

「廉《れん》」は、値段が安いこと。またそのさま。夏目漱石《なつめそうせき》の『門』に、「宗助《そうすけ》は会計の請求した治療代の案外廉《れん》なのを喜んだ」とある。「廉価」は、安い値段。また、品物の値段が安いさま。安価。「廉価版」とは、ある製品を普及させる目的などのために、あえて低価格にした商品のこと。「普及版」「低価格版」ともいうが、「安価版」とはいわない。

## 【ろうばい】

**株価の暴落で、投資家は狼狽した。**

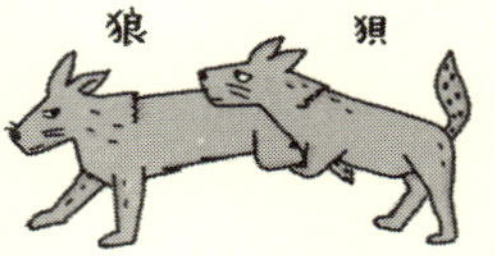


「狼《ろう》」も「狽《ばい》」も架空の獣。「狼」は、前足が長く後ろ足が極端に短い、「狽」は、その逆といわれる。狽が狼の後ろに乗るようにして二頭は常に一緒に行動するが、離れると動けなくなり倒れてしまう。「狼狽」とは、狼と狽が倒れてしまうことから、あわてふためくさま。うまくいかないさま。それを強調した言葉に「周章狼《しゅうしょうろう》狽《ばい》」がある。「周章」もあわてるという意で、「狼狽」を添えて意味を強調している。

## 【ろうばしん】

**老婆心ながら、申し上げます。**

「老婆心」は、人生経験豊かな年とった女性が、度を越してあれこれと気を遣《つか》うこと。転じて、必要以上に世話をやこうとする自分の気持ちを、へりくだっていう語。へりくだった言い方ではあるが、目上の人に使うのは失礼にあたる場合がある。もとは、仏教語の「老婆心切《ろうばしんせつ》」で、老女が子や孫をよくいつくしむという意。出典は宋代の仏教書『景徳伝灯録《けいとくでんとうろく》』。

## 故事成語の故郷・中国の古典

故事成語（故事成句ともいう）は、昔の出来事（故事）から生まれた慣用語句の総称で、物事の由緒や教訓、生きる知恵などを簡潔な字句にまとめたものである。中国の古典に由来するものが大多数だが、日本語として同化・定着したり、諺《ことわざ》になったりして親しまれている。

### 『書経』

前六〇〇年頃。政治史・政教を記した中国最古の歴史書。堯舜から夏・殷・周の帝王の言行録を整理した演説集。二〇巻・五八編。古くは『書』または『尚書』といったが、宋代からは『書経』という。孔子の編といわれるが、真偽は不明。

「習い性と成る」「万物の霊長」「教うるは学ぶの半ば」「九仞《じん》の功を一簣《き》に虧《か》く」「刑の疑わしきは軽くせよ」「言を食む」「範疇《はんちゅう》」など。

### 『詩経』

前六〇〇年頃。中国最古の詩集。漢詩の祖型。前九世紀から前七世紀にわたる詩三〇五編を収録。「風」「雅」「頌」に大別され、「風」はさらに一五の「国風」に分れて黄河沿いの国々の民謡を主とし、「雅」は「大雅」と「小雅」に分れる。

「他山の石」「壁に耳あり」「鳩居《きゅうきょ》」「緒《ちょ》に就《つ》く」「琢磨《たくま》」「維新」「発祥」「偕老《かいろう》」「薄氷を履む」「有終」など。

### 『易経』

周の時代に大成した占筮（せんぜん・細い竹を使用する占い）の書。五経の筆頭に置かれ、占いの理論と方法を説く。天文・地理・人事・物象を、陰陽二つの元素の対立と統合により説く。著者は伏羲とされている。

「虎の尾を踏む」「思い半ばに過ぐ」「窮すれば通ず」「金蘭」「形而下」「形而上」「君子は豹変す」「革命」など。

## 『論語』

春秋時代、前四五〇年頃。孔子の言動、孔子と弟子たちとの問答などを、孔子の死後に、門人がまとめた言行録。二〇編・四九九章。書名の由来は、「門人たちが論議して定めた孔子の語」。四書のひとつで、儒教第一の聖典。

「一日の長」「己の欲せざる所は人に施す勿《なか》れ」「義を見てせざるは勇無きなり」「巧言令色鮮《すくな》し仁」「後生畏る可し」「過ぎたるは猶及ばざるが如し」「和して同ぜず」「庭訓《ていきん》」「知命」など。

## 『孟子』

戦国時代中期の思想書。孟子と門人の言論や活動を、孟子の死後、弟子たちが編纂したもの。七編・二六〇章。巧みな比喩と論旨明快な名文として知られ、唐・宋の古文に影響を与えた。四書のひとつで、儒教の必読書。

「曰く言い難し」「五十歩百歩」「木に縁りて魚を求む」「恒産なきものは恒心なし」「千万人と雖も吾往かん」「匹夫の勇」「浩然の気」など。

## 『史記』

前九一年。司馬遷によって編纂された中国最初の正史。一三〇巻。従来の編年体ではなく、帝王・諸侯などの個人の実績を個々に記す紀伝体で書かれている。その対象は、伝説時代の黄帝から漢の武帝までの約三千年。

「一家言」「臥薪嘗胆」「完璧」「汗馬の労」「奇貨居くべし」「笈を負う」「左袒《さたん》」「雌雄を決する」「春秋に富む」「先んずれば人を制す」「太公望」「日暮れて道遠し」「敗軍の将は兵を語らず」「背水の陣」「狼藉《ろうぜき》」「刎頸《ふんけい》の交わり」「驥尾《きび》に付す」「切歯《せっし》扼腕《やくわん》」など。

その他、『韓非子』『老子』『荘子』『列子』『漢書』など、中国の古典は故事成語の宝庫である。

＊「四書五経」　儒教の経書の中で特に重要とされる四書と五経の総称。四書は「論語」「大学」「中庸」「孟子」、五経は「易経」「書経」「詩経」「礼記」「春秋」をいう。

# 第3章

# 間違っていますよ、その使い方

インターネット上では、新聞や書籍のような吟味・校正された文章ではない、様々な文章が溢れています。なかには、この使い方で正しいのだろうか、と気になる文章に出会うことがあります。

たとえば、「あの人は口先三寸だ」という文は、いかがでしょう。一見正しいように思えますが、正しくは「舌先三寸」です。しかも、平成二十三年度「国語に関する世論調査」によると、間違った言い方の「口先三寸」を使う人が六二パーセントもいるという結果が出ています。また、「違和感をおぼえる」と言うべきところを、「違和感を感じる」と言う人も増えています。

その他、「物議を醸す」と「物議を呼ぶ」、「一つ返事」と「二つ返事」のどちらが正しいのか。また、言葉の意味自体を間違って使っているケースもあります。「天地無用」は、「上下を逆にしてはいけない」のか、「上下を気にしないでよい」のか。「世間ずれ」は、「世の中の考え方と外れている」のか、「世間を渡ってずる賢くなった」のかなどです。

以下は、私たちが日頃、何気なく使っている熟語や慣用句です。いずれも、よく知っている身近な言葉ですが、どこか間違っています。正しい使い方に直してください。

＊「天地無用」は、ひっくり返してはいけないという意味で、この「無用」は禁止の意。「世間ずれ」は、実社会で苦労した結果、世間の裏に通じて悪賢くなること。

正しい使い方に直しなさい。

□ 演説中に、合いの手を打った。

□ 仲裁に失敗し、後へも先へも引けぬ事態になった。

□ 事務所の不正が、明るみになった。

□ 父は、怒り心頭に達して、真っ赤になった。

□ 彼は、人の揚げ足を掬うのが得意だ。

□ 彼の成功は、一念岩に通ずといったところだね。

## 【合いの手を入れる】

**演説中に、合いの手を入れた。**

「合いの手」は、もとは、邦楽《ほうがく》用語で、歌や踊りの間に入れる三味線《しゃみせん》などの伴奏楽器だけで演奏する部分。「合いの手を入れる」とは、人の話や物事の進行を活気づけるためにはさむ言葉や動作の意。「合いの手が入る」「合いの手をはさむ」などの形でも使われるが、「打つ」とはいわない。ちなみに、相槌《あいづち》の場合は、「相槌を打つ」と「打つ」が付く。なお、「相槌」を「合槌」と書くのは間違い。

## 【明るみに出る】

**事務所の不正が、明るみに出た。**

「明るみ」は、形容詞「明るい」に場所を表す接尾辞の「み」が付いたもので、「深み（深い所）」「弱み（弱い所）」などと同じ。「明るみに出る」とは、文字どおり明るい所に出ること。転じて、知られていなかったことや隠されていた事実が、世間に広まることを表す。人に知られては具合が悪いことに使うが、隠れた善行《ぜんこう》などには使わない。「明るみになる」だと「明るい所になる」という意味になってしまう。「なる」を使うなら、「明らかになる」と使う。

# 【揚げ足を取る】

**彼は、人の揚げ足を取るのが得意だ。**

「揚げ足」は、相撲《すもう》や柔道などで、相手が技を掛《か》けようとして揚げた足のこと。「揚げ足を取る」とは、相手の揚げた足を取って倒すこと。転じて、相手の言い間違いや言葉尻《ことばじり》をとらえて、執拗に非難したり、からかったりするという意になった。「揚げ足取り」ともいう。一方、「掬《すく》う」は、下から上へ素早く持ち上げること。揚げた足をわざわざ掬う必要はない。単に「足」であれば、「足を掬う」という言い方がある。

# 【後へも先へも行かぬ】

**仲裁に失敗し、後へも先へも行かぬ事態になった。**

進退きわまって動きがとれない。どうすることもできない。にっちもさっちも行かないさま。後へ引くことはできるが、先へ引くことはできないので、「引く」を使うのはおかしい。「後へも先へも行かぬ」が正しい。「引く」を使うのであれば、譲歩できない。やめられないという意味で、「後へ（後に）引けない」という言い方はある。

## 【怒り心頭に発す】

**父は、怒り心頭に発して、真っ赤になった。**

「怒り心頭に発す」とは、怒りが心からこみ上げる、激怒する、という意味の慣用句。略して「怒り心頭」ともいう。「心頭」は「心と頭」ではなく、単に「心の中」という意味。この場合「頭」は接尾語で、頭部を意味しない。「怒り」は、あくまで心の中に発するもので、頭に達するものではない。禅宗ではよく使われる言葉の「心頭《しんとう》を滅却《めっきゃく》すれば火もまた涼し」も同様で、頭は関係ない。

## 【一念天に通ず】

**彼の成功は、一念天に通ずといったところだね。**

「一念」は、一途《いちず》に思いを込めること。決意。「一念天に通ず」とは、やり遂げようと強い意志を持って物事に励めば、その真心が天の知り聞き入れることになって、いかなる事でも成就《じょうじゅ》するということ。一方、「一念岩に通ず」は、「一念岩をも通す」と混同したもの。「強い信念をもって物事に当たれば、どんなに難しい事でも成し遂げることができる」という同様の意味になる。

＊「一念岩をも通す」　前漢の将軍・李広が、石を虎と見間違って必死に矢を射ったところ、矢が見事石に突き刺さったという故事から。（『史記・李将軍伝』より）

正しい使い方に直しなさい。

□ 才能がないと監督から印籠を渡された。

□ 実家の商売は、うだつが上がったようだ。

□ 業界は、上へ下への大騒ぎとなった。

□ マスコミ各社は、政界の裏幕を暴いた。

□ 母の病状は、薄皮をはぐように快方に向かった。

□ 部下の背信に、恨み骨髄に発した。

## 【引導を渡す】

**才能がないと監督から引導を渡された。**

「引導《いんどう》を渡す」とは、葬儀の際に導師《どうし》が棺《ひつぎ》の前に立ち、法語を唱えて、死者を迷《めい》界《かい》から浄土《じょうど》へと導くこと。つまり、死者に「死んだ事実」を認識させ、現世への執着を棄《す》てさせ、悟りの仏道へと進むよう説くこと。また、その法語。転じて、相手にあきらめるように最終的な宣告をすること。一方、「印籠《いんろう》」は、昔、武士などが薬などを入れて腰に下げた小さな容器。初め印判を入れたことから印籠といわれた。音は似ているが、まったくの別物。

## 【上を下へ】

**業界は、上を下への大騒ぎとなった。**

「上を下へ」とは、上にあるべき物が下へ、下にあるべきものが上へという意味から、大勢の者が入り乱れてごった返しているさまをいう。また、あわてふためくようすのこと。「上を下へ返す」「上よ下よ」ともいう。一方、「上へ下へ」では、ひっくり返ったさまが表されていないので間違い。しかし、この間違った使い方をしている人が、かなり多いという調査結果が出ている。

## 【薄紙をはぐ】

**母の病状は、薄紙をはぐように快方に向かった。**

「薄紙《うすがみ》」は、文字どおり薄い紙のこと。薄い紙を一枚ずつはがしていくように、物事が次第にはっきりしていくようす。特に、病気など、悪い状態が日ごとに少しずつよくなっていくさまを表す慣用句。なお、病気が少しずつ回復することをいう以外には、ほとんど使わない。一方、「薄皮をはぐよう」という言い方は、間違った使い方。

## 【うだつが上がらない】

**実家の商売は、うだつが上がらないようだ。**

「うだつ」は、日本家屋の屋根に取り付けられる小柱《こばしら》、防火壁、装飾。「卯建《うだつ》」「宇立《うだつ》」などと書く。「うだつが上がらない」とは、地位・生活などがよくならない、ぱっとしないことで、常に否定形で使われる。語源には、①梁《はり》の上に立てて棟木《むなぎ》を支える小柱が、棟木に押さえつけられているように見えることから、頭が上がらない（出世できない）。②商家などでは、隣家との境に設ける防火壁「うだつ」を高く上げることが繁栄のシンボルだったことからという説がある。

## 【政界の内幕】

マスコミ各社は、政界の**内幕**を暴いた。

「内幕」は、内側に張る幕。特に、昔、戦場で陣を構えるとき、外幕の内側に張った幕。その中が、武将を中心とする作戦本部となった。転じて、外からは分からない内部の事情のこと。ちなみに、「裏幕」という言葉はない。「裏の事情」「楽屋《がくや》裏《うら》」であれば間違いではない。なお、「業界の黒幕」などと使われる「黒幕」も、「業界の裏幕」などと間違えて使う人がいる。

## 【恨み骨髄に徹す】

部下の背信に、恨み骨髄に**徹した**。

「徹す」は、奥深くまで貫きとおるという意味。「恨み骨髄に徹す」とは、恨みが骨の芯まで沁みとおることから、非常に強い恨みを抱くことをいった慣用句。秦《しん》の三人の将軍が晋《しん》に囚《とら》われた際、晋の襄公《じょうこう》の母（秦の穆公《ぼくこう》の娘）が、将軍達の命乞いをする際に、襄公に言った言葉が、由来。「穆公の此の三人を怨む、骨髄に入るならん。願わくば、この三人を帰らしめ、我が君をして自ら快《はや》くこれを烹《に》ることを得せしめよ」（出典、司馬遷『史記・秦本紀』）。「恨み骨髄に入《い》る」ともいう。

＊秦の穆公は、送り返された三将を咎めることなく重用した。一方、母の忠告で三将を解放した晋の襄公は、部下の諫言ですぐに三将を追ったが、時すでに遅かった。

正しい使い方に直しなさい。

□
そんなに
上前を
かすめては、
気の毒だ。

□
おんぶ日傘で
育てられたら、
あのようになるよ。

□
今ごろ来ては、
遅かりし
内蔵助だね。

□
思わぬ勝利に、
喝采を
叫んだ。

□
今度こそ
汚名を
晴らすぞ。

□
教師の
風下にも
置けないやつだ。

## 【上前を撥ねる】

**そんなに上前を撥ねては、気の毒だ。**

「上前《うわまえ》」は、「上米《うわまい》」の変化したもので、江戸時代、寺社が年貢米《ねんぐまい》の一部を通行税として取ったことによる。「撥ねる」はかすめとること。「上前を撥ねる」とは、金品の一部を取り次いだ者が手数料・仲介料として取ること。ピン撥《は》ねをすること。ちなみに「ピン撥ね」は、一部をかすめとることで、ピンは、ポルトガル語の「pinta」が由来。カルタやさいころの「一」のことで、「一割」「一部」のこと。

## 【遅かりし由良之助】

**今ごろ来ては、遅かりし由良之助だね。**

「遅かりし由良之助」とは、肝心のことに間に合わなかった。時機を逸して用をなさない。また、待ちかねたの意で使われる慣用句。歌舞伎『仮名手本忠臣蔵《かなでほんちゅうしんぐら》』で、大星由良之助《おおぼしゆらのすけ》が、主君塩冶判官《えんやはんがん》の切腹の場に駆けつける場面から生まれたといわれる。しかし、実際の台詞には、この言葉はない。『仮名手本忠臣蔵』は、江戸時代に、赤穂浪士《あこうろうし》の仇討《あだう》ちを材にして作られたが、幕府を憚《はばか》って、時代設定と人物名を変えているので、実名の大石内蔵助を使うことはない。

## 【汚名を雪ぐ】

**今度こそ絶対汚名を雪ぐぞ。**

雪の原字

「汚名」は、不名誉な評判や悪評。「雪《そそ》ぐ」は、取り除くこと。「雪」という字は、もとは、雨冠に「彗」で、掃《は》くという意があった。後に彗が略されて雪となった。「汚名を雪ぐ」とは、不名誉な評判を取り除くこと。同意語は「雪辱《せつじょく》」。「汚名」を使うなら「汚名返上」。一方、「晴らす」は、恨み（疑い・憂さ）を晴らすと使われる語で、「汚名を晴らす」とは使わない。また、「雪辱を晴らす」と使う人がいるが、これも本来の言い方ではない。「雪辱を果たす」が正しい。

## 【乳母日傘】

**乳母日傘で育てられたら、あのようになるよ。**

「乳母日傘《おんばひがさ》」とは、乳母《うば》と日傘《ひがさ》のことで、幼児を過保護に育てること。幼児に、乳母をつけたり、外出には強い日ざしに当たらぬように傘をさしかけたりして、必要以上に大事に育てること。恵まれた子供時代という意味だが、その後の人格形成によくないといわれ、否定的に使われることが多い。「おんぶ日傘」という言い方はない。「おんぶに抱っこ」との混同かもしれない。

『骨董集』より

＊「汚名挽回」という人がいるが、誤用である。「挽回」は、取り返して、もとのよい状態にすることで、「名誉挽回」のように、失ってしまった名誉を取り戻すことをいう。

## 【快哉を叫ぶ】

思わぬ勝利に、快哉を叫んだ。

「快哉《かいさい》」は、「快《かい》なる哉《かな》」の意で、ああ愉快だと思うこと。胸がすくこと。「快哉を叫ぶ」とは、痛快《つうかい》で、たまらなく愉快な事柄に、歓声を上げるという慣用句。同義語に「痛快」があるが、この「痛」は、「痛い」の意味ではなく、程度がはなはだしいことを表す語で、「痛飲」（つういん）「痛切」（つうせつ）などと同じ。一方、「喝采《かっさい》」は、感動して声を上げ、手をたたいて褒めそやすこと。また、その声や音の意。「拍手喝采をする」。

## 【風上にも置けない】

教師の風上にも置けないやつだ。

風上に悪臭を発する物を置くと、風下ではいやな臭《にお》いをまともに受けることになるので、たまらないという意から、「自分たちと同じ仲間として同列に扱えない」という意味の慣用句。卑劣な人間や行動をののしっていう語。「風上にも」の「も」は強調の助詞。一方、「風下」では、いやな臭いを受けることもないので、意味をなさない。「風下」の付く言葉には、「風下に立つ」（他に後《おく》れを取る。劣位に立つ）がある。

正しい使い方に直しなさい。

□ テロの大部分は、**確心犯**による犯罪だ。

□ 彼の説明は、**竹に木を接いだ**ようだ。

□ 失敗すれば、**器の軽重が問われる**ことになろう。

□ 海洋開発が、**脚光を集める**時代が来るだろう。

□ **雉も飛ばずば**撃たれまいに、残念だ。

□ **白羽の矢を射止めた**のは十七歳の少女だった。

## 【確信犯】

テロの大部分は、確信犯による犯罪だ。

「確信犯」とは、本来は、揺るぎない政治的・思想的・宗教的信念に基づいて、本人が「正しいことだ」と信じて行う犯罪行為、またはその行為を行う人をいう。思想犯・政治犯など。転じて、悪いことであると分かっていながら行う犯罪や行為の意でも使われるようになった。現在では、犯罪というほどの重大な行為でない、遅刻や仮病などの日常的な行為にも用いられているが、本来の言い方では、誤用である。なお、「確心」という言葉はない。

## 【鼎の軽重が問われる】

失敗すれば、鼎の軽重が問われることになろう。

「鼎《かなえ》」は、足が三つ付いた容器で、神への犠牲を煮るのに用いたことから神聖視され、祭器や礼器、また占いに使われ、権力の象徴を意味した。「鼎の軽重が問われる」とは、権力者や権威者の実力や能力を疑うことの例え。また、これにとってかわろうとすることの例え。中国の春秋時代、楚《そ》の荘王が周へ進軍し、周の定王を侮って、夏《か》王朝から伝わる帝位の証である鼎の大小軽重を問うた、という故事（出典『春秋左氏伝・宣公三年』）が由来。

## 【雉も鳴かずば撃たれまい】

**雉も鳴かずば撃たれまいに残念だ。**

甲高《かんだか》い声で鳴いたばかりに、雉はその居場所を知られ、猟師に撃たれてしまった。鳴かなければ、そんな目に遭わずにすんだものを、の意から、無用の発言をしため、自ら災いを招いてしまうことの例えをいう。「雉が鳴く」には、「人がものを言う」意が掛けられている。同義語に「口は災いの元」「物言えば唇寒し秋の風」。ちなみに、雉は日本の国鳥だが、狩猟期間中は、狩猟が許されている二十九鳥の一つである。

## 【木に竹を接ぐ】

**彼の説明は、木に竹を接いだようだ。**

「木に竹を接《つ》ぐ」とは、木の性質と竹の性質は異なるので、木に竹を接ぎ木してもなじまないことから、前後の調和がとれないさま。前後の筋が通らないさまを意味する。同義語に「辻褄《つじつま》が合わない」があるが、この語の「辻」は、裁縫で縫い目が十文字に合うところ。「褄」は、着物の裾《すそ》の左右が合うところで、当然合わなければいけないところが、合わないことをいう例え。

## 【脚光を浴びる】

**海洋開発が、脚光を浴びる時代が来るだろう。**

「脚光《きゃっこう》」は、英語フットライト footlightsの訳語。舞台の最前部の床に一列に取り付け、俳優を下から照らし出す照明のこと。その光線を全身に受けることが「脚光を浴びる」であり、俳優が舞台に立つことをいう。転じて、目立つものとして人々から注目される。世間の注目の的となるの意が生じた。一方、「集める」は、「注目を集める」「視線を集める」「関心を集める」などと使われる語である。

## 【金的を射止める】

**金的を射止めたのは十七歳の少女だった。**

通常の的と金的

「金的《きんてき》」は、的枠《まとわく》に金色の紙を張った、ひじょうに小さい弓の的。手に入れたいと望んでいる大きな目標。「金的を射止める」とは、誰もが欲しがっていながら、なかなか手に入れられないものを自分のものにすること。一方、「白羽《しらは》の矢」は、「白羽の矢が立つ」という成句で使われる。多くの者の中から特に指定して選び出される、ねらいをつけられること。本来は、生《い》け贄《にえ》として選ばれる場合に使われたが、現在ではよい意味で使われる場合もある。（↓163ページ）

＊「金的」　弓道の初射会や納射会では、初めに金的を射つ。見事あてた人は競技の勝敗とは別に表彰される。金的はめでたい時に使われ、銀的は追善射会で使われる。

正しい使い方に直しなさい。

□ 櫛の歯が抜けるように、脱会者が続出した。

□ けんもほろほろに断られてしまった。

□ みんなで口裏を乗せていたらしい。

□ やっと虎穴を脱することができた。

□ 彼の陶芸は、素人はだしだ。

□ 時代祭が、古式豊かに行われた。

## 【櫛の歯が欠ける】

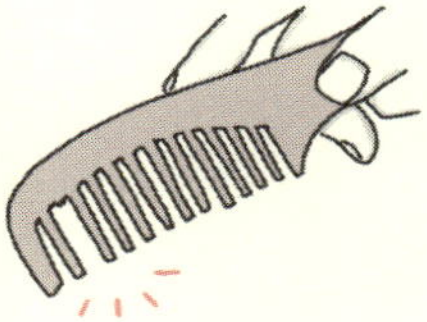

**櫛の歯が欠けるように、脱会者が続出した。**

「櫛《くし》」は、髪をすいたり、髪飾りにしたりする道具。「櫛の歯が欠ける」とは、本来、きれいにそろっているはずの櫛の歯が、所々欠けているさま。また、全部そろっているはずのものが、次々欠けていくさまをいう慣用句。「櫛の歯」は、構造上欠けることはあっても、抜けることはないので、「櫛の歯が抜ける」とはいわない。櫛の歯を使った諺《ことわざ》に、「櫛の歯を挽《ひ》く」があるが、これは、物事が続いて絶えることないこと。

## 【口裏を合わせる】

**みんなで口裏を合わせていたらしい。**

「口裏《くちうら》」は、言葉や話し方に隠されているもの。真意。「口裏を合わす」とは、あらかじめ打ち合わせをして、各自の言う話の内容が食い違わないようにすること。相手に矛盾《むじゅん》を感じさせず、本心や本当のことを悟らせないようにすること。反対に、本心を引き出すよう誘いをかけることを「口裏を引く」という。一方、乗せるのは「口車」で、口先だけの巧みな言いまわしのこと。言葉巧みに人をだますことを「口車に乗せる」という。

## 【玄人はだし】

**彼の陶芸は、玄人はだしだ。**

もとは、素人《しろうと》にもかかわらず技芸が優れていて、玄人《くろうと》（専門家）が履物《はきもの》をはくのも忘れ、はだしで逃げ出したという意味だった。転じて、素人にもかかわらず、専門家が驚くほど技芸や学問が優れていることをいうようになった。逃げ出すのは玄人なので「素人はだし」は誤り。なお、素人の語源は、平安時代に、白塗りしただけで芸のない遊芸人《ゆげいにん》を「白人《しらびと》」と読んだことによる。玄人は、「白人」の対義語「黒人《くろひと》」が転化したもの。

## 【けんもほろろに】

**けんもほろろに断られてしまった。**

「けん」は、雉の鳴き声。「ほろろ」は、雉が翼を激しく打ち鳴らすさま。「けん」を「けんつくを食わす。つっけんどん」などに掛けた語という。人の頼みを冷たくはねつけて、取り付く島もないさま。雉の雄が「けん」と鳴き、翼を「ほろろ」と激しく打ち鳴らし威嚇《いかく》するさまが、無愛想に見えるところからきているという。一方、「ほろほろ」は、涙がこぼれ落ちるさまや木の葉が落ちるさまを表す語だが、山鳥などが鳴く声を表す語としても使われる。

## 【虎口を脱する】

やっと**虎口**を脱することができた。

「虎口《ここう》」は、虎の口、極めて危険な場所や状態のこと。「虎口を脱する」とは、危険この上もない場所や状態から辛うじて逃れること。出典は、『荘子《そうじ》・盗跖《とうせき》篇』の「疾走《しっそう》して虎頭を料《な》で虎須《こしゅ》を編み、幾《ほと》んど虎口を逸《のが》れざるや」。一方、「虎穴《こけつ》」は、虎が棲んでいる穴。「虎穴に入らずんば虎子を得ず」という故事成語が有名。その他、「虎口」を使った成句には、「虎口の讒言《ざんげん》」（人を陥れるための告げ口）、「虎口の難」（非常に危険な難儀）などがある。

## 【古式ゆかしく】

時代祭が、古式**ゆかしく**行われた。

時代祭の行列

「古式」は、昔から伝わっているやり方のこと。「ゆかしい」は、なつかしく感じられ、昔のことが偲ばれるような感じ、という意。「古式ゆかしい」とは、古来のしきたりに倣《なら》っていて、古《いにしえ》を偲ばせるようす。または、古式にのっとっている、昔ながらの形式などの意。なお、「床しい」は当て字。「古式豊か」は、一般的には、本来の言い方ではないとされているが、小説や文書で使われているケースもある。

＊「虎口を脱する」　孔子が大盗賊の盗跖に説教に行ったが、逆に脅され命からがら逃げ帰って言った言葉とされるが、これは荘子が孔子を揶揄して作ったフィクションである。

正しい使い方に直しなさい。

□ 彼女は、自分の年齢のことになると、**鯖を数える。**

□ **舌の先の乾かぬうちに、**もう嘘をつく。

□ 来客は、**しかめつららしい顔**で挨拶をした。

□ **車輪を流すような**雨で、傘も役に立たなかった。

□ まことに**時機を得た**好企画である。

□ **嗜好を凝らした**演し物が相次いだ。

## 【鯖を読む】

**彼女は自分の年齢のことになると、鯖を読む。**

「鯖《さば》」は、魚の鯖。「鯖を読む」とは、実際より多く言ったり、少なく言ったりして数や年齢をごまかすこと。数字をごまかす意味として、江戸時代から使われている。語源には諸説あるが、以下の説が有力。①魚市場で大量の鯖などの魚を数えるとき、さっさと数を読み上げていくうち、自然にごまかすことも多かったことから。②鯖はいたみやすいので、数えるときに特に急いで数え、実数をごまかすことが多かったから。

## 【しかつめらしい】

**来客は、しかつめらしい顔で挨拶をした。**

「しかつめらし」は、「しかつべらしい」が音変化したもので、真面目《まじめ》くさって、もっともらしいこと。堅苦しい感じがすること。もとは、型にはまっていて、真面目くさって堅苦しいさまを意味する「然《しか》りつべくあらし」だったといわれる。漢字では「鹿爪《しかつめ》らしい」と書くが、「鹿爪」は当て字で、鹿も爪も関係はない。一方、「しかめつら」は、顰《しか》め面のことで、眉間にしわを寄せた、苦々しい表情のこと。

## 【時宜を得る】

**まことに時宜を得た好企画である。**

「宜《き》」は、ほどよくかなっているという意。訓読みは、むべ、うべ、よろしい。「時宜《じき》」は、その時・場合にふさわしいこと。また、ちょうどよい時期。「時宜を得る」とは、それをするのに、時期・状況がちょうどよいこと。時宜を得た発言、時宜にかなった催し物などと使われる。意味が似ているからといって、「時宜」を、「時機」や、「時期」に代えてはいけない。

## 【舌の根の乾かぬうち】

**舌の根の乾かぬうちに、もう嘘をつく。**

「舌の根の乾かぬうちに」とは、あることを言い終わるか終わらないうちのこと。前言に反したことを言ったりしたりしたときに、非難して用いる。「舌の先の乾かぬうちに」は誤用。「舌の先」は、「舌の先でごまかす」「舌の先で丸めこむ」などと使われる。また、「舌先三寸」という言い方があるが、これは、心や中身が備わっていない、うわべだけのうまい言葉で、相手をあしらうこと。こちらも「口先三寸」と誤用する人がいる。

## 【車軸を流す】

**車軸を流すような雨で、傘も役に立たなかった。**

「車軸《しゃじく》」は、車の車輪と車輪をつないでいる心棒のこと。「車軸を流す」とは、車の心棒のような太い雨脚の雨が、激しく降るさまをいう慣用句。古くからある言葉で、鎌倉中期の説話集『十訓抄《じゅっきんしょう》』に、面白い話が紹介されている。楊梅大納言《やまもものだいなごん》は言い間違いの常習者で、ある時、御簾《みす》の中で女房《にゅうぼう》たちと話していたところ、雨が降りだしたので、「車が降るから時雨《しぐれ》を仕舞え」と供の者に命じた。それを聞いた女房たちは「車軸とかや。恐ろしや」と言って笑ったという。

## 【趣向を凝らす】

**趣向を凝らした演《だ》し物が相次いだ。**

「趣向《しゅこう》」は、おもしろみやおもむきを出すための工夫。歌舞伎などの劇的工夫にも使う。「凝らす」は、一心に考えをめぐらすこと。「工夫を凝らす」。「趣向を凝らす」とは、より楽しく、より面白くなるように工夫すること、あるいは、風情や趣が深みを増すように工夫すること。一方、「嗜好《しこう》」は、たしなみ、好むこと。趣味などの意で、「嗜好品」などと用いるが、「嗜好を凝らす」とは言わない。

正しい使い方に直しなさい。

□ その企画には、**食指がそそる**ね。

□ 新製品の開発に、全員が**心血を傾けた**。

□ 外資が日本の得意分野に**触手を動かして**きた。

□ 社長自らが、**陣頭指揮を振るった**。

□ 候補者の中で、彼に**白羽の矢が当たった**。

□ 叔父さんは、**酸いも辛いも噛み分けた**人だ。

## 【食指が動く】

**その企画には、食指が動くね。**

「食指《しょくし》」は、人差し指のこと。「食指が動く」は、食欲が起こる。転じて、ある物事に対し欲望や興味が生じること。鄭《てい》の公子宋《こうしそう》が、霊公《れいこう》を訪問する途中で、自分の人差し指が動いたのを見て、同行の公子家《こうしか》に「ごちそうにありつける前兆だ」と言ったという故事に由来する。（『春秋左氏伝《しゅんじゅうさしでん》・宣公《せんこう》四年』）。「食欲をそそる」とは言うが、「食指をそそる」とは言わない。

## 【触手を伸ばす】

**外資が日本の得意分野に触手を伸ばしてきた。**

イソギンチャクの触手

「触手《しょくしゅ》」は、下等動物の触覚・捕食の役目をする器官で、細長く活発に運動する突起のこと。触手を伸ばしたり縮めたりして、周囲の状況を探ったり、食物を捕らえたりする。「触手を伸ばす」とは、野心を抱いて働きかける、自分のものにしようとして近づくという意の慣用句。多くの場合、よくない意味で使われる。なお、「触手を動かす」とは言わない。

## 【白羽の矢が立つ】

**候補者の中で、彼に白羽の矢が立った。**

「白羽の矢」は、白い矢羽を持つ矢のこと。主に鷹の羽で作る。「白羽の矢が立つ」とは、多くのものの中から選び出される、という意の慣用句。「白羽の矢を立てる」の形でも使う。昔、人身御供《ひとみごくう》を求める神が、望む娘の住家の屋根に白羽の矢を目印として立てたという俗説を語源とする。もとは、生《い》け贄《にえ》として選び出される意だったが、現在はよい意味でも使われる。

## 【心血を注ぐ】

**新製品の開発に、全員が心血を注いだ。**

「心血《しんけつ》」は、精神と肉体のすべてのこと。「心血を注ぐ」とは、心身の力のありったけを使って物事をすること。どんな犠牲も顧みず、全身全霊をその事に向けて取り組むこと。「心血を傾ける」とは言わない。「全力を傾ける」という表現と混同して、使われるようになったのかもしれない。なお、「傾ける」は、「心を傾ける」「精魂を傾ける」などと使われる。

## 【陣頭指揮を執る】

社長自らが、陣頭指揮を執った。

「陣頭《じんとう》」は、戦う部隊の先頭。「陣頭指揮を執《と》る」とは、指揮官が戦闘部隊の先頭に立ち、味方がまとまって行動できるように、兵を指図し動かすこと。転じて、組織の長たる人が現場の第一線に立ち、直接に指示等を出す意となった。「陣頭指揮を振るう」とはいわない。「振る（振るう）」は、「采配《さいはい》を振るう」「指揮棒を振るう」などと使われる。

## 【酸いも甘いも噛み分ける】

叔父さんは、酸いも甘いも噛み分けた人だ。

「酸《す》いも甘《あま》いも」は、酸っぱいものも甘いものも、という意。「噛《か》み分ける」は、味わい分けるということ。「酸いも甘いも噛み分ける」とは、人生経験が豊富で、世の中の表も裏も知り尽くしていること。特に、男女関係の微妙な機微や事情に通じていることをいう慣用句。酸っぱいものと甘いものが、対称的なところに意味があるので、「酸いも辛いも噛み分ける」とは言わない。

正しい使い方に直しなさい。

□ 昔は、まさに**清貧洗うが如き**生活でした。

□ 「**求めよさらば開かれん**」は、聖書の言葉だ。

□ 村長は、地域の開拓に**先鞭を打った**功労者です。

□ 田舎で、**つつましい生活**をしている。

□ 好意をもっていた彼女に**袖を振られた。**

□ **談論活発**し、時のたつのも忘れた。

## 【赤貧洗うが如し】

**昔は、まさに赤貧洗うが如き生活でした。**

「赤」は、貧を強調する接頭語で、貧しくて何もない意。「赤貧《せきひん》洗うが如《ごと》し」とは、洗い流したように持ち物が何もないという、たいへん貧乏なさま。江戸時代の儒学者の伝記を集めた『先哲叢談《せんてつそうだん》』に、「初め居を芝街に卜《ぼく》す。時に赤貧洗うが如く、舌耕殆《ぜっこうほとん》ど衣食を給せず」とある。一方、「清貧」は、貧乏だが行いが清らかであること。「清貧の生活に甘んじる」「清貧の士」などと使われる。

## 【先鞭をつける】

**村長は、地域の開拓に先鞭をつけた功労者です。**

「鞭《べん》」は、馬を走らせるムチ。「先鞭をつける」とは、他に先んじて物事に着手すること。他の人より先に始める。『晋書《しんしょ》・劉琨伝《りゅうこんでん》』の「常に恐る祖生の吾《わ》れに先んじて鞭を著《つ》くるを」（祖逖《そてき》が私よりも先に馬に鞭をあてて戦場に駆けつけ、手柄を立てるのではないかといつも心配している）が出典。「先鞭を打つ」「先鞭を切る」などとは言わない。「先鞭」を「先弁」と書く誤りもある。

＊『先哲叢談』は、江戸時代初期から中期までの儒学者を対象とした漢文による伝記集。藤原惺窩から念斎の祖父原双桂に至る72人の江戸期の儒者の略伝を記している。

# 【袖にされる】

好意をもっていた彼女に袖にされた。

「袖《そで》」は、着物のそでのこと。「袖にする」とは、親しくしていた人、特に異性を冷淡にあしらうこと。すげなく扱うこと。ないがしろにすること。語源は諸説あるが、正確にはわからない。①手に袖を入れたまま何もしないという意味から。②着物の袖は身頃《みごろ》の左右にある付属物で、その袖のように扱うことから。③袖を振って追い払うことから。④着物の袖が動くと邪魔になり、邪魔者扱いする意味から。但し、「袖を振る」とはいわない。

# 【叩けよさらば開かれん】

「叩けよさらば開かれん」は、聖書の言葉だ。

「叩《たた》けよさらば開かれん」とは、『新約聖書・マタイ伝』山上垂訓《さんじょうすいくん》にみえるイエスの言葉「求めよさらば与えられん。叩けよさらば開かれん」がもとで、誰でもひたすら神に祈り、救いを求めれば、神は間違いなく応えてくれるということ。転じて、人は真摯《しんし》な態度で積極的にぶつかっていけば、おのずと目的を達成することができるの意となった。

＊その他、舞台の左右の端を「袖」といい、客席からは見えず主要な場所ではないことから。袖は身と分かつもので、人と別れること、関係を断つことを意味するため。

## 【つましい】

**田舎で、つましい生活をしている。**

「つましい」とは、つづまやかである。倹約であるという意の「つまし」の口語で、「倹しい」「約しい」と書く。意味は、生活ぶりなどがぜいたくでない、地味で質素であるということ。「つましく暮らす」などとも使う。一方、間違えやすい言葉に「つつましい」があるが、これは「つつまし」の口語で、その行為が他から見て控え目である。慎重であるさま。「つつましい振る舞い」「つつましく寄り添う」などと用いる。

## 【談論風発】

**談論風発し、時のたつのも忘れた。**

「談論」は、談話と議論。また、互いに意見を述べて話し合うこと。「風発」は、風が吹くように盛んなさま。転じて、議論が盛んで激しいさまを指す。「談論風発」とは、次々に議論が続出するさま。互いに自分の考えを論じ合うことが活発なさま。「談論風発の討論」「談論風発して収拾がつかない」などと使うが、「談論活発」とはいわない。

正しい使い方に直しなさい。

□ 天地天命に誓って、偽りは申しません。

□ 若者は、猫も杓文字も同じ格好をしたがる。

□ 彼は、幼い頃から頭角を抜いていた。

□ 告げ口をしたせいか、目覚めが悪い。

□ あまりの暴言に、二の句が告げなかった。

□ 彼女は、のべつくまなく不平を言っている。

## 【天地神明に誓う】

**天地神明に誓って、偽りは申しません。**

「天地」は、空と大地。「明」は、神のことで、「神明」は、神々の意。「天地神明に誓う」とは、天と地のあらゆる神々に誓う、もし、約束を違《たが》えたら罰せられてもよい、ということで、釈明する際に、それが嘘でないと断言する場合に使われる常套句。なお「天命」は、天の命令。天から与えられた使命・運命の意。「天地天明」も誤用。

## 【頭角を現す】

**彼は、幼い頃から頭角を現していた。**

「頭角《とうかく》」は、頭の先。獣の角《つの》のこと。「頭角を現す」とは、獣の群れの中で、頭の先が他より抜きんでて、ひときわ目立つこと。転じて、才能・技芸などが人より優れ、目立った存在になること。出典は、韓愈《かんゆ》の『柳氏厚墓誌銘《りゅうしこうぼしめい》』。子厚少精敏、無不通達。逮其父時、雖少年已自成人、能取進士第、嶄然見頭角。（子厚《しこう》少にして精敏、通達せざる無し。其の父の時に逮《およ》んで、少年と雖《いえど》も已でに自から成人し、能《よ》く進士の第を取り、嶄然《ざんぜん》として頭角を見《あらわ》す）。同意語に、「群を抜く」がある。

## 【二の句が継げない】

**あまりの暴言に、二の句が継げなかった。**

「二の句」は、雅楽《ががく》で、朗詠《ろうえい》の詩句を三段に分けて歌うときの二段目の詩句のこと。二段目は高音となるため、続けて歌う際に息が切れるので簡単にはできない。「二の句が継げない」とは、次に言うべき言葉（「二の句」）が出てこないこと。転じて、あまりのことにあきれ返って、または、たいへんびっくりして、次に言うべき言葉を失うこと。「二の句が出ない」というのも誤用。

## 【猫も杓子も】

**若者は、猫も杓子も同じ格好をしたがる。**

「猫も杓子《しゃくし》も」とは、誰もかれも、どんなものでもの意。語源は、諸説あるが明確ではない。①「猫」は「神主」を表す「禰子《ねこ》」、「杓子」は「僧侶」を表す「釈《しゃく》氏《し》・釈子《しゃくし》」で、「禰子《ねこ》も釈氏《しゃくし》も」が、変化したとする説。②「猫」は「女子」、「杓子」は「弱子《じゃくし》」で、「女子も弱子も」が、変化したとする説。③「猫」は「寝子」、「杓子」は「赤子」で、「寝子も赤子も」が、変化したとする説などが代表例。

＊頓知で有名な一休禅師の歌に「生まれては死ぬるなりけりおしなべて釈迦も達磨も猫も杓子も」があり、鎌倉時代の末頃には使われていた言葉だといわれる。

## 【寝覚めが悪い】

告げ口をしたせいか、寝覚めが悪い。

「寝覚め」は、眠りからさめること。眠りの途中で目をさますこと。「寝覚めが悪い」とは、眠りから覚めたときの気分がよくないこと。転じて、過去にした悪い行いなどが思い出されて、気持ちがすっきりしない、良心がとがめるという意の慣用句。「むごい仕打ちをした後は寝覚めが悪い」。「寝覚め」と「目覚め」とはよく似た語だが、「目覚めが悪い」とは言わない。

## 【のべつ幕なし】

彼女は、のべつ幕なく不平を言っている。

「のべつ」は、「延《の》べつ」から生じた語。引っ張って、間をおかないの意から、絶え間なくの意。「のべつ幕なし」とは、芝居で幕を下ろさずにそのまま演じ続けたのがもとで、転じて、ひっきりなしに続くさま。休みなく続くさま。多くの場合、好ましくない物事に用いる。この語の誤用には、「まく」と「くま」を逆さにした「のべつ隈《くま》なし」や、「のべつ暇《ひま》なし」がある。

正しい使い方に直しなさい。

□ 選手たちに疲れが見え、**敗北が濃く**なった。

□ 君のような男は、**鼻も掛けない**だろうよ。

□ 容疑者は、**馬脚を見せて**しまった。

□ 働こうとしない夫には、**肝に据えかねる。**

□ **薄氷を渡る思い**で、新規事業をすすめている。

□ 両軍はついに戦いの**火蓋を切って落とした。**

## 【敗色が濃い】

**選手たちに疲れが見え、敗色が濃くなった。**

「敗色」は、「負け色」の意の漢語で、戦いや試合に負けそうな気配。「負け色」は、古くから使われている語で、『平家物語』に、「平家の御方は負け色に見えさせ給ひたり」とある。対義語は「勝ち色」。「敗色が濃い」とは、負けそうなようすが強く感じられるという意。一方、「敗北」は、戦いに負けること。また、戦いに負けて逃げること。敗走の意。

## 【馬脚を現す】

**容疑者は、馬脚を現してしまった。**

「馬脚《ばきゃく》」は、芝居で馬の脚に扮する役者のこと。「馬脚を現す」とは、馬の脚を演じていた役者が、うっかり自分の姿を観客にさらしてしまうことから、それまで隠していた本来の姿が露見すること。化けの皮がはがれること。悪い意味で用いられる。中国元代の古典劇『元曲《げんきょく》・陳州糶米《ちんしゅうちょうまい》』が出典で、「露出馬脚来《ろしゅつばきゃくらい》」とある。

## 【薄氷を踏む思い】

**薄氷を踏む思い**で、新規事業をすすめている。

「薄氷《はくひょう》を踏む」とは、水面に薄く張った氷の上に乗るように、非常に危険な場面に望む心境であるさま。危機に直面しているようす。但し、危険な冒険をするという意味では使わない。中国の『詩経《しきょう》・小雅《しょうが》』「戦戦兢兢《せんせんきょうきょう》、深き淵《ふち》に臨《のぞ》むが如《ごと》く、薄氷を履《ふ》むが如し」に由来する。即ち、深い淵をのぞきこむ時のように、また薄い氷の上を歩く時のように、こわごわと慎重に行動すること。

## 【鼻も引っ掛けない】

君のような男は、**鼻も引っ掛けない**だろうよ。

「鼻」は、正しくは「洟《はな》」で、鼻汁、鼻水のこと。「引っ掛ける」は、液体や砂などを浴びせかけること。「鼻も引っ掛けない」とは、引っ掛けられると迷惑な鼻水さえも、引っ掛けようとしないという意。転じて、見向きもしない。まったく相手にしないさまをいう。「掛けない」を使う類義語には、「歯牙《しが》にも掛けない」がある。相手を見くびって、まったく問題にしない。取り上げる価値のないものとして、議論などの対象としないことをいう。

## 【腹に据えかねる】

働こうとしない夫には、**腹に据えかねる**。

「腹」は、動物の腹部のことだが、考えていること。心中。本心。胆力《たんりょく》。気力。また、度量。感情。気持ち。などいろいろな意味を含んでいる。「腹に据えかねる」とは、怒りを心中におさめておくことができなくなること。がまんができないことをいう。「腹」と「肝」とは意味のよく似た語であるが、「肝に据えかねる」とはいわない。

## 【火蓋を切る】

両軍はついに戦いの**火蓋を切った**。

「火蓋《ひぶた》」は、火縄銃《ひなわじゅう》の火皿《ひざら》の火口を覆《おお》う蓋《ふた》のこと。ふだんは、火縄の火がつかないように火口を蓋で覆っている。「切る」は、開く、はずすの意。「火蓋を切る」とは、その蓋を開けて点火の用意をする。また、発砲する。戦闘を開始することをいう。転じて、戦争以外の争いや競争などを開始することを意味するようになった。「選挙戦の火蓋を切る」などと使う。「火蓋を切って落とす」とするのは誤り。類義語の「幕を切って落とす」との混用とみられる。

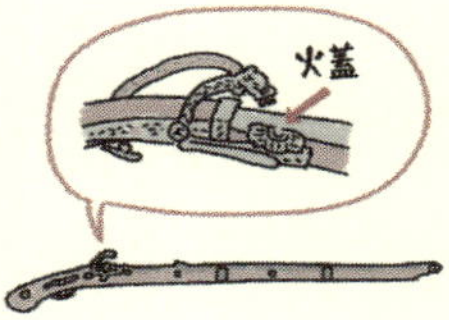

正しい使い方に直しなさい。

□ 提案の骨子は、**符丁を合わせた**ように一致していた。

□ 推薦していただき、**法外の幸せ**です。

□ **裏舞台**での交渉が、功を奏したようだ。

□ **間尺に合う**仕事はしたくない。

□ **一つ返事**で承知してくれた。

□ 団体客のマナーの悪さに、周りの客は**眉をしかめた**。

## 【符節を合わせる】

**提案の骨子は、符節を合わせたように一致していた。**

符節（割り符）

「符節《ふせつ》」は、一枚の札の中央に文字を書いて印を押し、二つに割ったもの。両片をそれぞれ分けて持ち、後日、必要に応じてそれを合わせて証拠とする。「割り符」ともいう。「符節を合わせたよう」とは、符節を合わせたように、物事に食い違いがなく、ぴったりと一致するさま。『孟子・離婁《りろう》・下』が出典。一方、「符丁《ふちょう》」は、その仲間だけに通用する言葉や印。合い言葉の意。「符丁を使う」「符丁で呼ぶ」などと用いられる。

## 【舞台裏】

**舞台裏での交渉が、功を奏したようだ。**

「舞台裏」とは、舞台の裏側の、客席からは見えない所。大道具が置いてあり、出演者が準備や休憩をする楽屋《がくや》がある場所のこと。転じて、一般の人にはわからない、物事が行われる場の例えとして使われる。類語に「楽屋裏」がある。部外者には知られていない内部事情。また、表向きにできない内情の意で使う。一方、「表舞台」という言い方はあるが、「裏舞台」とはいわない。

＊「表舞台」は、重きを成す人物として人に顔を見せ行動する場所。公然と活動する場所」。例えば、「政治の表舞台に登場する」のように使う。

## 【二つ返事】

**二つ返事で承知してくれた。**

「二つ返事」とは、「はい、はい」と、二つ重ねて返事をすること。また、その返事。ものを頼まれたときなどに、快く承知したことを伝える返事をいう。しかし、「二つ返事」は、目上の人に言ってはいけないとされている。その理由は「受け流す返事」「心から言っている返事ではない」など、いい加減な返事だと捉えている人が多いことによる。なお「一つ返事」という言い方はない。

## 【望外の幸せ】

**推薦していただき、望外の幸せです。**

「望外」は、願い望んでいたよりもはるかによくいくさま。願っていた以上によい結果であること。「望外の幸せ」とは、願っていた以上にうまくいって幸せだという意味。「望外の成果」「望外の成功」などと良い意味で使われる。一方、「法外」は、誰もが妥当であると認める範囲を逸脱しているさま。限度を超えること。常識はずれの意で、多くの場合、非難する気持ちを込めて使われる。「法外な値段」「法外の請求」など。

## 【間尺に合わない】

**間尺に合わない仕事はしたくない。**

「間尺《まじゃく》」は、尺貫法《しゃっかんほう》における長さの単位の間《けん》と尺《しゃく》のことで、建築物・建具などの寸法。一尺は、一寸の十倍で約三〇・三センチ。一間は六尺で、約一八一・八センチ。転じて、損得の計算。利害の割合をいう。「間尺に合わない」とは、割に合わない。損になるという意味の慣用句。常に否定形で使われ、肯定形の「間尺に合う」では用いられない。

## 【眉を顰める】

**団体客のマナーの悪さに、周りの客は眉を顰めた。**

「顰《ひそ》める」は、不快なことや不満などのために、眉のあたりにしわを寄せること。顔をしかめること。「顰」は、漢音でヒン。「顰蹙」、「眉を顰める」とは、他人の嫌な言動に不快・不満を感じて、また、心配事・憂い事があって、眉のあたりにしわを寄せること。眉根にしわを寄せ顔をしかめることをいう。「顰める」は、常に「眉をひそめる」の形で使われる語であり、他の語に付く用法はない。

正しい使い方に直しなさい。

□ 刑事は、**綿で首を絞める**ように容疑者を追いつめた。

□ そのポストは、彼には**役目不足**の感がある。

□ 解説を聞いて、**目から鱗が取れる**思いです。

□ あの二人、**焼けぼっくり**に火がついたかな。

□ 祖父は、**薬石甲斐なく、**先月永眠いたしました。

□ 恩人に**弓矢を引く**とは、情けないことだ。

## 【真綿で首を絞める】

**刑事は、真綿で首を絞めるように容疑者を追いつめた。**

「真綿」は、絹の一種で、くず繭《まゆ》などを煮《に》て綿状に引き伸ばして作った綿。「真綿で首を絞める」とは、柔らかいが引っ張っても千切《ちぎ》れないいくらい強い真綿のように、やんわりと遠まわしに責めていくこと。一挙に核心をつくのではなく、遠回しにじわじわと責めたり痛めつけたりする例えに使われる慣用句。「真綿で首」とも言う。一方、綿は、木綿綿・真綿の総称だが、木綿綿が普及してからは、木綿綿の意になった。なお、「綿のように疲れる」の場合は、「真綿のように疲れる」とは言わない。

## 【目から鱗が落ちる】

**解説を聞いて、目から鱗の落ちる思いです。**

「目から鱗《うろこ》が落ちる」とは、ある事柄がきっかけとなって、迷いから覚めたり、今までわからなかったことが急に理解できるようになることの例え。『新約聖書』使徒行伝にある「The scales fall from one's eyes.」（目から鱗が落ちる）という言葉に基づく。キリスト教を迫害していたサウロの目が見えなくなったとき、イエスが、サウロを助けるようにと弟子のアナニヤに指示した。アナニヤがサウロの上に手を置くと、サウロの目から鱗のようなものが落ちて目が見えるようになった。

## 【薬石効なく】

祖父は、薬石効なく、先月永眠いたしました。

「薬石《やくせき》」は、薬と古代中国で治療に用いた石製の鍼《はり》のこと。種々の薬剤や病気の治療法を意味する。「薬石効なし」とは、薬も治療法も種々試してみたが効果がない。回復の見通しが立たないこと。もとは、唐の宣宗が、病気にかかり余命いくばくもなくなった時、皇太子に授けた勅書《ちょくしょ》の中にある語である。なお、「薬石甲斐なし」という言い方はない。

## 【役不足】

そのポストは、彼には役不足の感がある。

「役不足」とは、本人の力量にくらべて役目が軽すぎること。また、そのさま。本人の能力を適正に評価すれば、もっと重要な役目を任せられるということ。これを正反対の、本人の力量にくらべて役目が重すぎること。つまり、その役目に対して本人の実力や能力が不足しているという、間違った使い方をする人がかなりいる。言う方も聞く方も間違った解釈をすると、人間関係が気まずくなる。

## 【焼けぼっくいに火がつく】

**あの二人、焼けぼっくいに火がついたかな。**

「ぼっくい」は、木の杭。「焼けぼっくい」は、焼け木杭、焼け棒杭ともいい、焼けた杭、燃えさしの棒杭のこと。一度焼けた杭は、完全に消えていないことが多く、強風が吹くなど、ちょっとしたことで再び燃えだすことがある。「焼けぼっくいに火がつく」とは、一度途絶えていたことが、すぐ元に戻ること。また、すぐ元に戻りやすいことをいう。多くは、男女の関係について使われる。

## 【弓を引く】

**恩人に弓を引くとは、情けないことだ。**

「弓を引く」は、弓に矢をつがえて射ること。転じて、反抗すること。手向かうことの意を表す。「引く」は、弓に張った弦《つる》を引っ張る。また、弦を引っ張っていた手をはなして、弓につがえた矢を発射することである。したがって、「弓矢を引く」という言い方はおかしい。「矢」は射るものであり、引くものではない。

正しい使い方に直しなさい。

□ 昨夜、父の**容態が改まった。**

□ 社長は、**日を夜に継いで**再建に奔走した。

□ その広告に、営業部が**横車を入れて**きた。

□ 市長は、職員に、**李下に靴を正さず**と訓示した。

□ チームは、**余波を駆って**準決勝へと勝ち進んだ。

□ ワンマン社長が解任され、**溜飲を晴らした。**

## 【容体が改まる】

**昨夜、父の容体が改まった。**

「容体《ようだい》」は、身体の状態。特に、病気のぐあい。病状。「ようだい」と読むのが伝統的で、「ようたい」とは読まない。「改まる」は、もとは「革《あらた》まる」と書き、病状が悪化すること。漢文で、病が差し迫るという意の「病革」を「病革《やまいあらた》まる」と訓読したことによる。「容体が改まる」とは、病状が悪化する。危篤《きとく》状態になること。これを病気が快方に向かうことと誤解している人が多い。

## 【横槍を入れる】

**その広告に、営業部が横槍を入れてきた。**

「横槍《よこやり》」は、合戦中、両軍が対戦している最中に、別の一隊が横合いから槍で突きかかること。「横槍が入る」の形でも使われる。「横槍を入れる」とは、人の談話や仕事などに、第三者が脇から口を出し、あれこれと邪魔することをいう。一方、「横車《よこぐるま》を押す」という慣用句がある。これは、車を無理矢理、横に押して動かそうとするように、道理に合わないことを強引にすること。

## 【余勢を駆る】

**チームは、余勢を駆って準決勝へと勝ち進んだ。**

「余勢《よせい》」は、何かをやり遂げたあとに残っているはずみのついた勢い。「余勢を駆る」とは、まだ衰えていない勢いやはずみに乗って、別の事に立ち向かうことをいう。一方、「余波《よは》」は、台風や船が通り過ぎるなど、波の立つ原因が去った後に、その影響を受けてまだおさまっていない波。転じて、ある物事が終わった後もなお周囲に及ぼす影響。あおりの意を表す。

## 【夜を日に継ぐ】

**社長は、夜を日に継いで再建に奔走した。**

「夜を日に継ぐ」とは、昼の時間に、夜の時間まで付け足すという意から、昼も夜も休まずに、ある物事に当たること。昼夜の別なく、続けてある物事を行うこと。昼夜兼行で仕事をすることをいう。出典は『孟子・離婁《りろう》・下』。周公は三王を兼ね、以《もっ》て四事（四聖人の事跡）を施さんことを思う。合せざることあれば、仰ぎてこれを思い、夜以て日に継ぐ。

## 【李下に冠を正さず】

**市長は、職員に、李下に冠を正さずと訓示した。**

「李下《りか》」は、李《すもも》の木の下のこと。「李下に冠を正さず」とは、李の木の下で、冠を被《かぶ》り直していると、傍からは、実を盗ろうとしているように見えるので、他人から疑われるようなことは、初めから避けたほうがよいという例え。中国の『古楽府《こがくふ》・君子行《くんしこう》』にみえる。「瓜田《かでん》に履《くつ》を納《い》れず」（瓜《うり》の畑の中で靴《くつ》を履《は》き直すな）も同意で、「瓜田の履」「李下の冠」や、四字熟語の「瓜田李下《かでんりか》」などと使われる。

## 【溜飲を下げる】

**ワンマン社長が解任され、溜飲を下げた。**

「溜飲《りゅういん》」は、飲食物が胃の中に滞って、酸性の胃液がのどに上がってくること。「溜飲を下げる」とは、胃の中から上がってくる酸っぱい胃液を下げること。転じて、不平・不満・恨みなど、それまで胸につかえていたものをはらい去って、気分をすっきりさせること。一方、「溜飲を晴らす」は、間違った言い方である。

## 誤用も、みんなが使えば、「正」になる。

言葉は生き物である。本来の意味や使い方が、そのまま永久に継続することはない。大多数の人が間違った使い方をすれば、いつしかそれが正しい使い方になる。最初は誤用だったものが、次第に許容されるようになり、やがて正しいものになっていった例は、意外に多い。

**○誤用が、本来の漢字までも駆逐した**

代表的な例に「独擅場」がある。実は、「ドクダンジョウ」と読むのは、誤読である。よく見ると、「擅」は手偏で、土偏の「壇」とは別字である。正しくは、「ドクセンジョウ」と読む。「独擅場」は、「独壇場」の完全な誤用だったが、あまりにも間違いが多く、また、意味もほぼ同じなので、やがて辞書にも認知され、正式な言葉になったのである。現在では、正しい漢字の「独擅場」を使う人は、ほとんどいない。

同じ例に、腹をかかえて大笑いすることを表す「抱腹絶倒」がある。もとの漢字は、『史記』が語源の「捧腹絶倒」だった。この「捧腹」も、誤用の「抱腹」にとって変わられ、姿を消した。

**○誤読が、ついに正式な読みになった**

誤読が、辞書に認知され、本来の読みが失われた例に、「宿命」がある。本来の読みは、「しゅくみょう」。仏教語で、前世における善悪・苦楽などの状態を表すが、「しゅくめい」と誤読され、定着した。同様の例には、以下のようなものがある。

【攪拌・かくはん】本来の読みは「こうはん」
【固執・こしつ】本来の読みは「こしゅう」
【詩歌・しいか】本来の読みは「しか」
【情緒・じょうちょ】本来の読みは「じょうしょ」
【消耗・しょうもう】本来は「しょうこう」
【端緒・たんちょ】本来の読みは「たんしょ」
【堪能・たんのう】本来の読みは「かんのう」
【憧憬・どうけい】本来の読みは「しょうけい」
【掉尾・とうび】本来の読みは、「ちょうび」
【貪欲・どんよく】本来の読みは、「たんよく」
【捏造・ねつぞう】本来の読みは、「でつぞう」
【稟議・りんぎ】本来の読みは、「ひんぎ」

**○慣用読みは、ひそかに浸透する**

「葉書に切手を貼付する」などと使う「貼付」は、「ちょうふ」が正式な読みである。また、「早急」の正しい読みは「さっきゅう」だが、「そうきゅう」と読む人が増えて、現在では、「そうきゅう」も許容されている。以下は、そのような慣用読みが認知されている例である。これらの慣用読みが浸透し、やがて本家と入れ替わる日がくるかもしれない。各語の下が慣用読み。

【悪名・あくみょう】→「あくめい」
【荒らげる・あららげる】→「あらげる」
【残滓・ざんし】→「ざんさい」
【逐電・ちくてん】→「ちくでん」
【重複・ちょうふく】→「じゅうふく」
【白夜・はくや】→「びゃくや」
【味気ない・あじきない】→「あじけない」
【御用達・ごようたし】→「ごようたつ」
【出生率・しゅっしょうりつ】→「しゅっせいりつ」
【茶道・ちゃどう】→「さどう」
【手を拱く・てをこまぬく】→「てをこまねく」
【世論・よろん】→「せろん」

DMD

出窓社は、未知なる世界へ張り出し
視野を広げ、生活に潤いと充足感を
もたらす好奇心の中継地をめざします。


# 学び直しの日本語

間違っていませんか？ その使い方

2015年3月20日 初版印刷
2015年4月10日 第1刷発行

監修者 佐藤亮一

発行者 矢熊 晃

発行所 株式会社 出窓社

東京都国分寺市光町 1-40-7-106 〒185-0034
TEL 042-505-8173 Fax 042-505-8174
振 替 00110-6-16880

印刷・製本 シナノ パブリッシング プレス




ISBN978-4-931178-87-8

監修者　**佐藤亮一**（さとう・りょういち）

1937年東京都生まれ。東北大学大学院博士課程単位取得。国立国語研究所言語変化研究部第一研究室室長、フェリス女学院大学教授、東京女子大学教授を歴任。国立国語研究所名誉所員。フェリス女学院大学名誉教授。専門分野：方言学、社会言語学。主な編著書に『日本言語地図』（共編、大蔵省印刷局）『日本方言大辞典』（共編、小学館）『生きている日本の方言』（新日本出版社）『都道府県別　全国方言辞典』（編著、三省堂）『お国言葉を知る　方言の地図帳』（監修、小学館）など多数。

本文イラスト　ナシエ　http://www.nashie.com
図書設計　辻 聡

●参考文献
『角川古語大辞典』中村幸彦他（角川書店）『小学館古語大辞典』中村祝夫他（小学館）『岩波古語大辞典（補訂版）』大野晋他（岩波書店）『大言海』大槻文彦（冨山房）『新潮国語辞典-現代語・古語』山田俊雄他（新潮社）『広辞苑（第六版）』新村出（岩波書店）『日本国語大辞典（第二版）』市古貞次他（小学館）『大辞林（第三版）』松村明（三省堂）『大辞泉』（小学館）『大漢和辞典（修訂版）』諸橋轍次（大修館書店）『字統（普及版）』白川静（平凡社）『字訓（普及版）』白川静（平凡社）『学研新漢和大字典』藤堂明保他（学習研究社）『改訂版漢字源』藤堂明保他（学習研究社）『岩波仏教語辞典（第二版）』中村元他（岩波書店）『故事・俗語ことわざ辞典』（小学館）『語源大辞典（十二版）』堀井令以知（東京堂出版）『必携 故事ことわざ辞典』（三省堂）『新明解語源辞典』小松寿雄（三省堂）『世界大百科事典』（平凡社）